完全図解

中東で起きている本当のこと

髙山正之 監修
宇都宮尚志 元産経新聞論説委員

ビジネス社

はじめに

中東予測のカギは「宗教と民族」にある

高山正之

ハマスとイスラエルが深刻に戦っている。今ではレバノン、シリアからイランまでを巻き込みそうな勢いだ。イスラエルとイランの交戦も十分あり得る。

中東では、戦後、数次の中東戦争の他にイラン・イラク戦争、湾岸戦争、イラク戦争、さらには安定した中東諸国をまとめて破壊した「アラブの春」まで常に混乱が支配してきた。

その背景を探ると、国際石油資本など外部からの誘導や干渉に行き当たる。中東の指導者と目されたサダム・フセインやカダフィが汚名を着せられ、葬《ほうむ》られたのも、そうしたよそからの力が間違いなく関与していた。

混乱は作為的だから、だれかの都合のいいところで終息するものだが、ただ今回のガザ騒乱はそうした過去のパターンとは少し様相が違う。

混乱を仕切ってきた「よそからの力」が消えていって、今はさまざまな身勝手が制御なしに動き出しているというように見える。

例えばナゴルノ・カラバフだ。イスラム国家アゼルバイジャンの中にあったアルメニア正教の飛び地は、過去、揉《も》めるたびに大国が干渉して、生き延びてきた。ところがウクライナ紛争のさなか、イスラム側が強硬に出ても米国からもロシアからも声はなかった。あっけなくアルメニア人は追われ、飛び地は消滅してしまった。ウクライナ紛争も同じ。国連は無力をさらけ出し、米国もＮＡＴＯもうろたえ、ユーゴ紛争の時とはまったく違う様相が続く。

ハマスはそれを直感して動き出したように見えるが、もしそうなら混乱は止まらない。では、どう展開していくのか。予測するカギは宗教と民族にある。

すべての宗教は中東で生まれた。ゾロアスター教はペルシアに生まれ、それを下敷きにユダヤ教（旧約聖書）が作られ、そこから、キリスト教とイスラム教が生まれて同じ神の民となった。

その旧約聖書にあるように、アラブ人とユダヤ人は同じセム系の兄弟民族になる。

彼らが分布する中東を、東から侵略支配したのがアーリア系のペルシア人で、今の国名イランはそのアーリアンからきている。

しかし7世紀に、ムハンマドのイスラムの教えで団結したアラブ人がペルシアを倒し、改宗を迫られたイラン人はゾロアスター風にアレンジしたシーア派を信仰する。

その後、オスマントルコがカリフの座を取って中東の支配者となるが、第一次大戦後は中東の石油に欧米列強が群がり、中東を分断、植民地化した。

第二次大戦後、その軛《くびき》を脱してサダム・フセインらアラブ民族主義の英傑が出てくるが、その芽を石油メジャーが潰《つぶ》していった。その総決算が「アラブの春」になる。

その力が衰退する中、今、中東には少なくとも三つの勢力が頭をもたげる。

一つはエルドアンのトルコ。ケマル・パシャ以来の世俗主義を捨てオスマントルコ帝国への回帰を目指す。

もう一つがイスラムの異端、シーア派のイマム（指導者）が率いる復活ペルシア帝国だ。

彼らは異端を承知で、それでも「イスラエルを地中海に追い落とす」ことで中東のイスラム諸国を統《す》べるリーダーとなることを目指している。目下はその勢力をシリア、レバノン、イラクに広げて、イスラエルの包囲網を創り上げつつある。

ただ弱みがある。イランはもともとゾロアスター教の国で、その孫宗教に当たるイスラムとは一線を画し、イスラム聖職者政権には背を向ける。

三つめはイスラエルだ。イランを倒し、トルコと折り合いをつけ、ハマスをうまく処理しきってセム族の兄弟愛を復活できれば、中東の安定は可能だ。

ただ彼らも弱みがあって、じつは今のイスラエル人はディアスポラから帰ってきたセム系（セファルディ）ではない。ヒトラーに追われた白人系アシュケナージが9割を占める。

その公然の隠し事をどうアラブの民に納得させるか。

中東は民族と宗教が複雑に絡み、自分たちの中にも混乱の根を内包する。それがどう転ぶか。神だけが知っている。

完全図解　中東で起きている本当のこと／もくじ

第3章 イスラエル建国からオスロ合意の崩壊

第4章 対立の根源――民族・宗教を読み解く

第5章 なぜアメリカはイスラエルを支援するのか

髙山正之の中東巷論

第1章

イスラエルとハマスの戦争は、なぜ起きたのか

01

イスラエルは、なぜ過剰攻撃を止めないのか

ネタニヤフ首相が宣言したハマス殲滅作戦

ハマスはパレスチナ自治区ガザ地区を実効支配するスンニ派イスラム原理主義組織だ。アラビア語の「イスラム抵抗運動」の頭文字をとって名付けられた。すでに戦闘能力は失われたと思われていたハマスから、２０２３年10月７日、イスラエルは奇襲攻撃を受け、１２００人もの死者が出たほか、２４０人を人質に取られた。

ハマスは２００５年にイスラエル軍がガザ地区から撤収した後、同地区を掌握。たびたびイスラエルと衝突を繰り返してきたが、21年以降は鳴りを潜《ひそ》めていた。近年では最悪となる事態にイスラエルは衝撃を受けた。ハマスを壊滅しなければ、国の安全はないという強い危機感が募った。

イスラエルのネタニヤフ首相はハマスのテロを、アメリカの９・11同時多発テロと同一視している。当時のブッシュ米政権は「テロとの戦争」を掲げて、テロの首謀者ウサマ・ビンラーディンの潜むアフガニスタンを攻撃した。さらに大量破壊兵器を保持しているという理由でイラクのフセイン政権を打倒した。その目的はアメリカの脅威となるテロの〝巣窟《そうくつ》〟を根絶やしにすることだった。

ネタニヤフ首相も、ハマスを殲滅《せんめつ》するまで戦闘を続行すると宣言した。「草を刈る」と呼んでいたハマスの掃討作戦を「草を根絶やしにする」と呼び方を変え、テロを「ホロコースト（ナチスによる大虐殺）」になぞらえて非難した。

ネタニヤフはイスラエル史上、最も強硬な首相と言われ、「安全保障」を最大の売り物にしている。それだけに戦闘中止を求める国際社会からの批判に耳を貸す様子はない。

イスラエルとハマスの戦闘

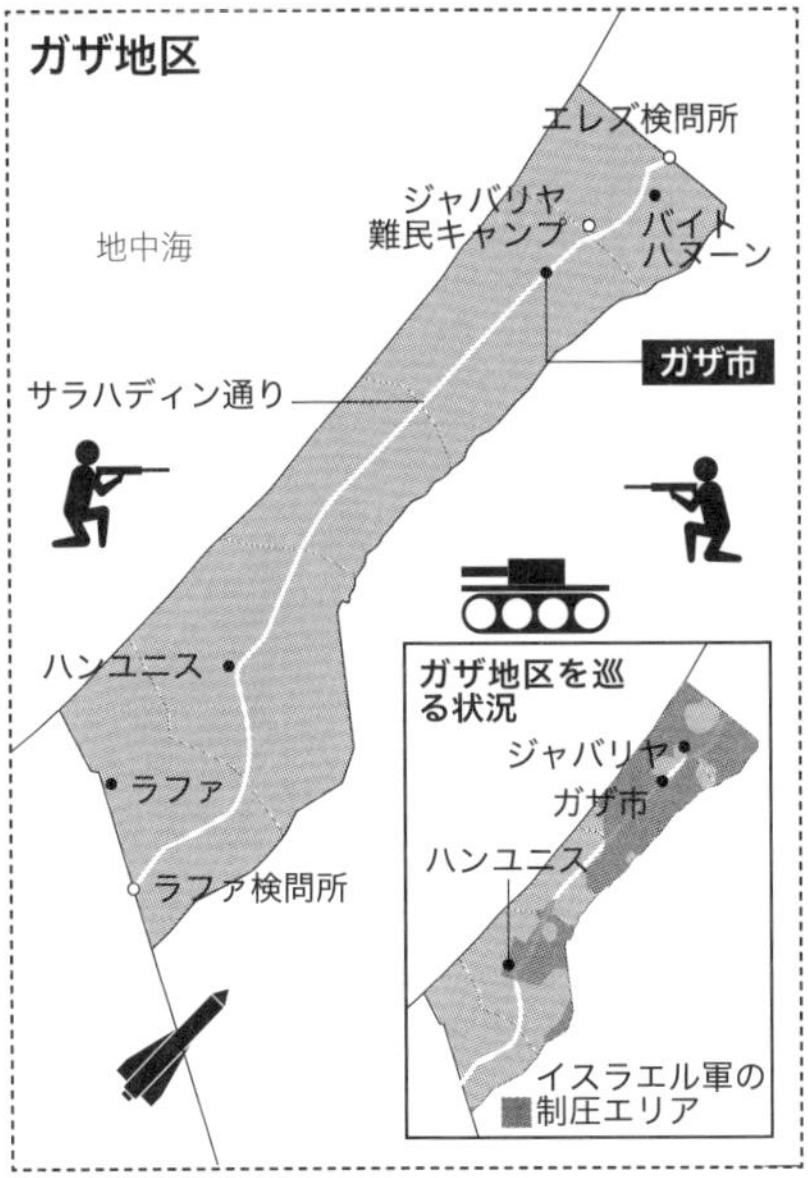

※2024年2月5日時点　米戦争研究所などによる

2023年10月7日

ハマスがイスラエルに奇襲攻撃！
↓
イスラエル、ガザ地区への報復攻撃
↓
世界各国から停戦を求める声

■ガザ情勢の経過

2023年10月7日	ガザ地区を実効支配するハマスがイスラエルを大規模攻撃、民間人ら240人以上を拉致。イスラエルの死者は1200人。イスラエル軍はガザ空爆。
9日	イスラエルが「完全封鎖」宣言。
12日	イスラエル軍がガザ北部住民110万人に南部への避難勧告。
25日、26日	軍がガザ北部で限定的越境作戦。
11月15日	軍がガザ市のシファ病院突入。
22日	イスラエルとハマスが戦闘の4日間休止と人質解放で合意。
24日～	延長含め7日間の戦闘休止。双方が人質らの身柄交換。
12月1日	戦闘再開。
3日	イスラエル軍がガザ南部に地上侵攻と表明。
20日	戦闘によるガザ側の死者が2万人を超える。

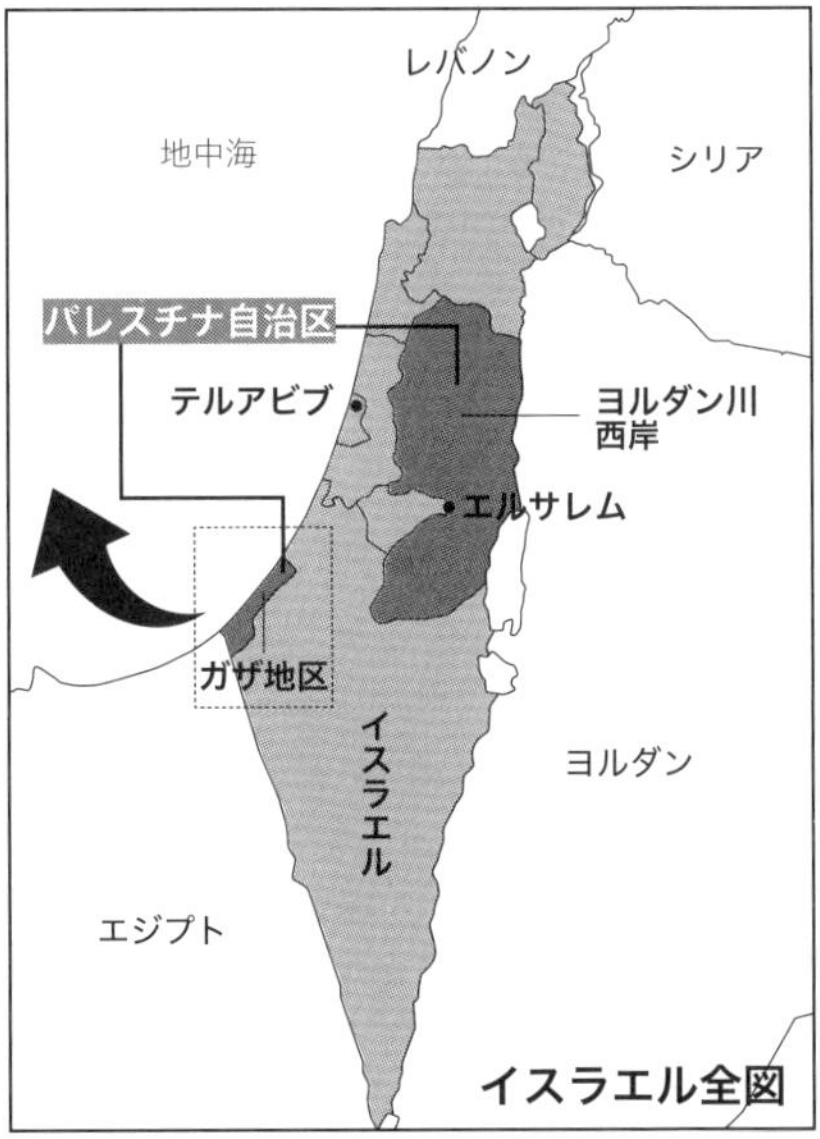

02

ハマスのテロ攻撃に正当性はあるのか

国際社会の関心が薄れていた「天井のない監獄」の惨状

いかなるテロにも正当性はない。しかし、今回のテロの背景には、将来に展望を見いだせないパレスチナ人の苛立《いらだ》ちがあったのは間違いない。

ガザ地区は「天井のない監獄」と呼ばれる。面積365平方キロメートルで福岡市ほどの広さの中に、約222万人が密集して住んでいる。若者の失業率は70%を超え、目ぼしい産業はない。ヒトやモノの移動はイスラエルによって厳しく制限されており、財政や経済は、国連や国際社会からの支援で賄われている。しかしパレスチナ人の置かれた惨状に国際社会の関心は薄れていた。

今回のテロは、周到に準備されていた。テロの首謀者はガザ地区のハマス最高幹部ヤヒヤ・シンワルだ。欧米から「国際テロリスト」に指定され、最重要指名手配者にリストアップされている。ガザの難民キャンプで生まれ、1987年にハマスに参加した。イスラエルの刑務所に収監された期間は20年以上に及ぶが、その間にヘブライ語を習得し、イスラエルに精通していると言われる。

ハマスは攻撃の1年前からドローンによってイスラエル領内の町や施設を偵察し、精密な地図を作製していた。テロ当日は3000発以上のロケット砲を発射し、陸海空から約1500人の戦闘員が一斉に突入した。高さ6メートルを超える分離壁は30カ所以上が破壊された。

ハマスは「カッサム旅団」と呼ばれる軍事部門を持ち、3万人〜5万人の戦闘員を擁する。今回のテロには同じガザ地区の、別の武装組織「イスラム聖戦」も加わった。計画の背後にはイランの協力も指摘されている。

背後にあったパレスチナ人の苛立ち

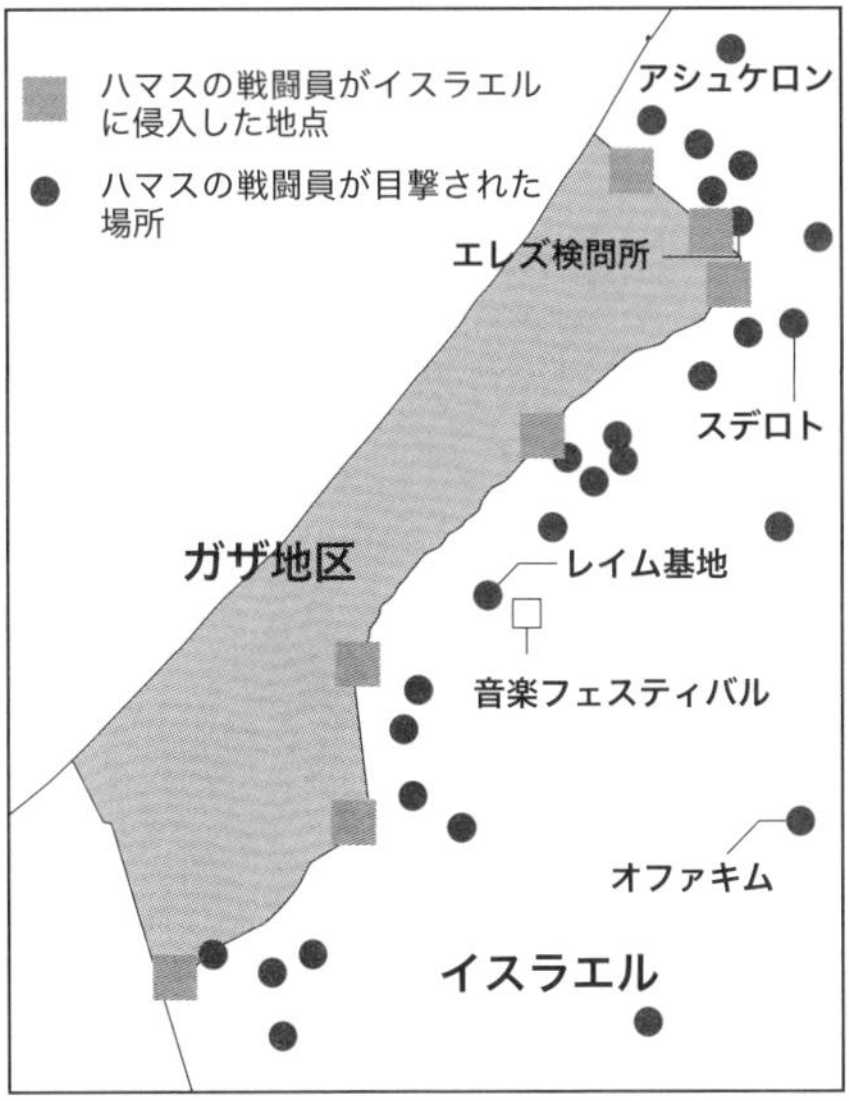

2023年10月9日　BBCニュースより

■ガザ地区とは？

面積365平方㎞（福岡市とほぼ同じ）
人口　約222万人
自治　パレスチナ自治政府
若者の失業率　70％以上

2006年のパレスチナ自治区の立法評議会の選挙でイスラム組織ハマスが勝利し、2007年6月より実効支配。同年、イスラエルが封鎖。

イスラエルの空爆で破壊されたガザ地区の建物（2023年11月2日）

写真：AP／アフロ

03

脅威を増すイランと変化する中東の構図

シーア派勢力圏に対抗するアメリカ・イスラエルの「イラン包囲網」

イランは1979年のイスラム革命以来、アメリカとイスラエルを敵視してきた。

革命の指導者ホメイニ師は、「アメリカに死を」をスローガンに反米主義を唱えるとともに、イスラエルに対しては、イスラムの地を違法に占拠していると非難。「イスラエルの抹殺」を唱え、イスラム武装組織への支援を続けている。

イランの脅威が一気に高まったのは、核開発疑惑が浮上した2002年からだ。高濃縮ウラン製造施設の存在が明らかになり、欧米は計画の中止を求めたが、イランは拒否。欧米はイランへの経済制裁を導入した。

その後、15年に「イラン核合意」が結ばれて、イランは核兵器開発を縮小する代わりに、欧米は経済制裁を緩和した。しかし、トランプ前政権は18年5月、合意から離脱し経済制裁を再開した。

この間、イスラエルはアメリカと共同でイランの核施設にサイバー攻撃を仕掛けたほか、核開発を主導してきたファクリザデ氏を暗殺している。

03年にイラク戦争が起きると、中東の力関係が変化した。イランに敵対していたイラクのフセイン政権が崩壊し、シーア派政権が誕生した。これによってイランからイラク、シリア、レバノンにまたがるシーア派の勢力圏（「シーア派の三日月地帯」）が生まれた。イランの準支配地域だ。

これに神経をとがらせるアメリカやイスラエル、サウジアラビアは、イランに対抗する「イラン包囲網」の構築に乗り出した。

中東の重心はパレスチナ問題からイラン問題に移行した。

シーア派イラン包囲網

■シーア派の「三日月地帯」

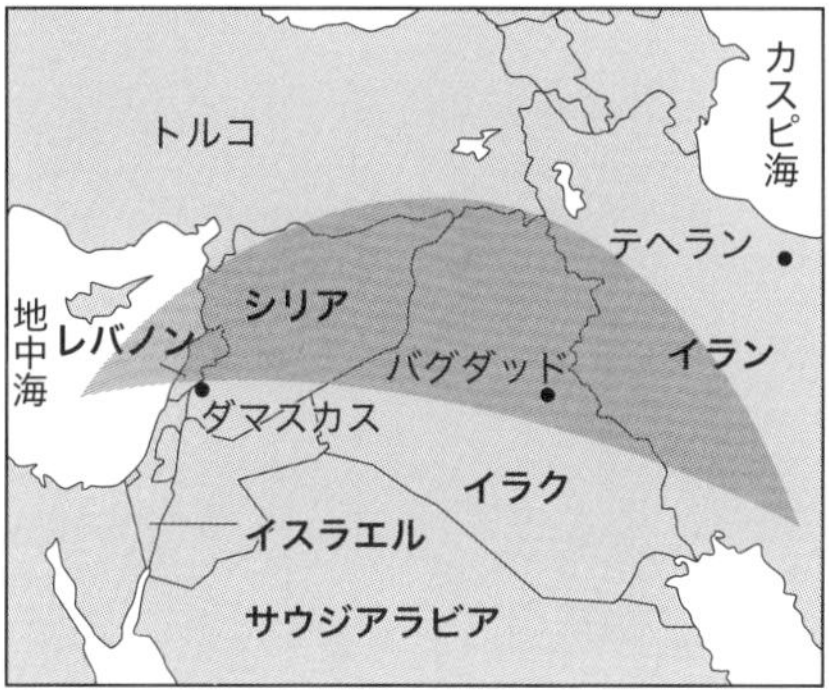

※イランからレバノンにまたがる地域

中東はパレスチナ問題よりも
イラン問題が重要となっていた

■イランをめぐる各国の相関図

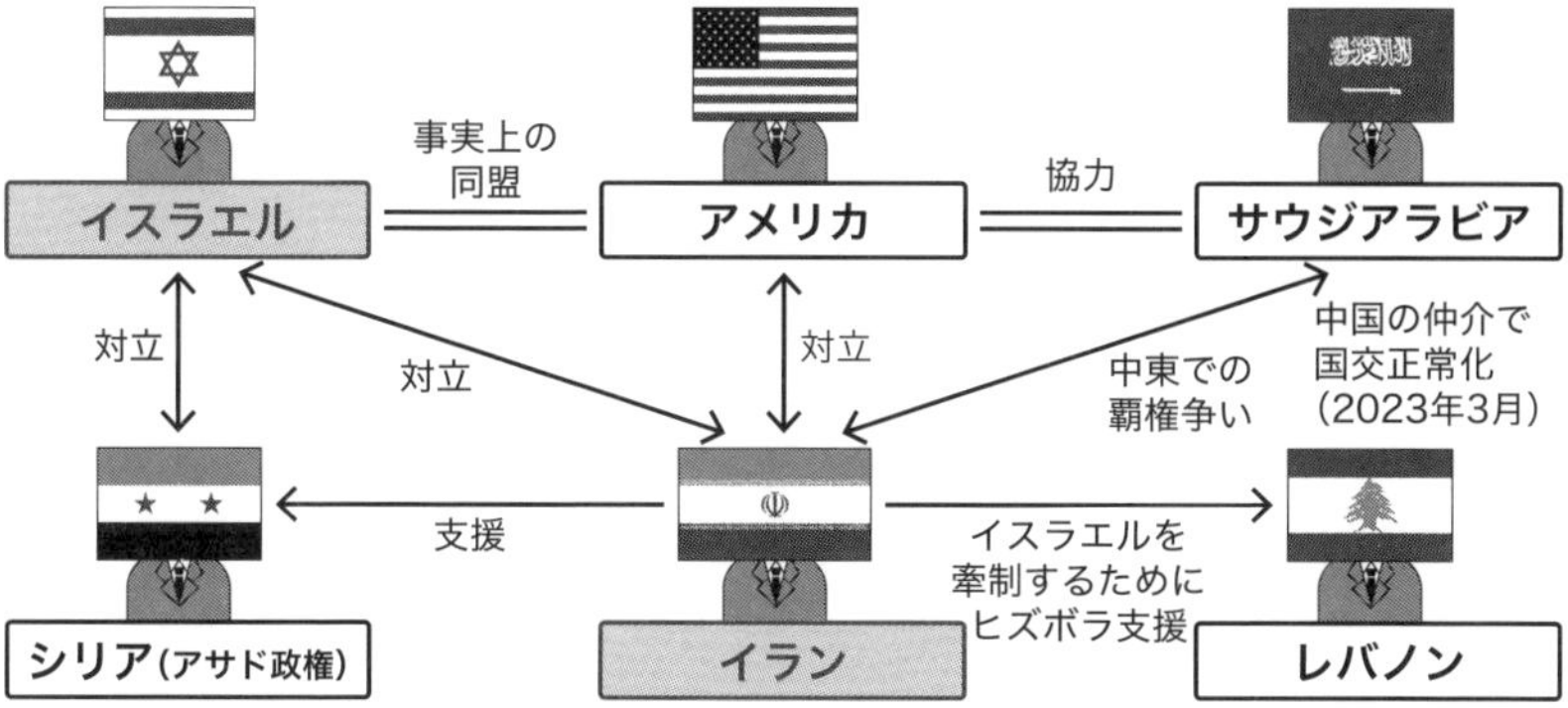

ポイント解説

破綻したイラン核合意

2015 年にイランと米英独仏中露 6 カ国との間で合意された取り決め。イランは濃縮ウランの貯蔵量を 300 キロ以下、濃縮度を 3.67% に制限し、稼働する遠心分離機の数を削減。見返りに、米欧はイランへの経済制裁を解除した。18 年に「イランの核兵器開発を阻止できない」としてトランプ政権は合意から一方的に離脱。反発したイランは核合意で制限されたウラン濃縮活動を加速させている。

04

ハマスを苛立たせた「アブラハム合意」とは？

トランプ前大統領が進めたイスラエル・アラブの融和工作

「イラン包囲網」とは具体的にどういうものか。それはアメリカが主導する「アブラハム合意」と呼ばれる中東工作だ。

イスラエルは2020年、国交のなかったアラブ首長国連邦（UAE）やバーレーン、スーダンやモロッコと相次いで関係正常化を果たした。中でも最大の焦点が、地域の大国・サウジアラビアとの国交正常化の行方《ゆくえ》だった。これが達成できれば、「イラン包囲網」は完成する。

「アブラハム」の名称は、宗教を超えた連帯を目指す意味から、ユダヤ教、キリスト教、イスラム教の共通の始祖、アブラハムから名付けられた。

構想を進めたのは、トランプ前大統領だ。アラブとイスラエルとの対立を解消して中東域内の安定化を図る一方、穏健派アラブ諸国と連帯して、イランと対峙《たいじ》する態勢を作り上げる狙《ねら》いだった。

イスラエルとの経済的なメリットを期待した国々は、次々に関係正常化に動いた。中東の小国にとって、イスラエルの持つ世界トップクラスのITや医療、ドローンの軍事技術は喉《のど》から手が出るほどほしい。またイスラエルとの関係を正常化すれば、アメリカからの見返りも期待できる。

「アブラハム合意」に参加した国々は、パレスチナに対して、毎年数百万ドル規模の支援を行ってきた。しかし、パレスチナ問題は解決に向かわず、一部はテロの資金に流用されていた。

相次ぐ正常化の動きにパレスチナ側は焦りを募らせた。自分たちが孤立し、支援が先細る懸念があった。今回のテロの背景には「アブラハム合意」を阻止する狙いがあった。

イスラエルをめぐる中東関係

■イスラエルをめぐる中東関係図

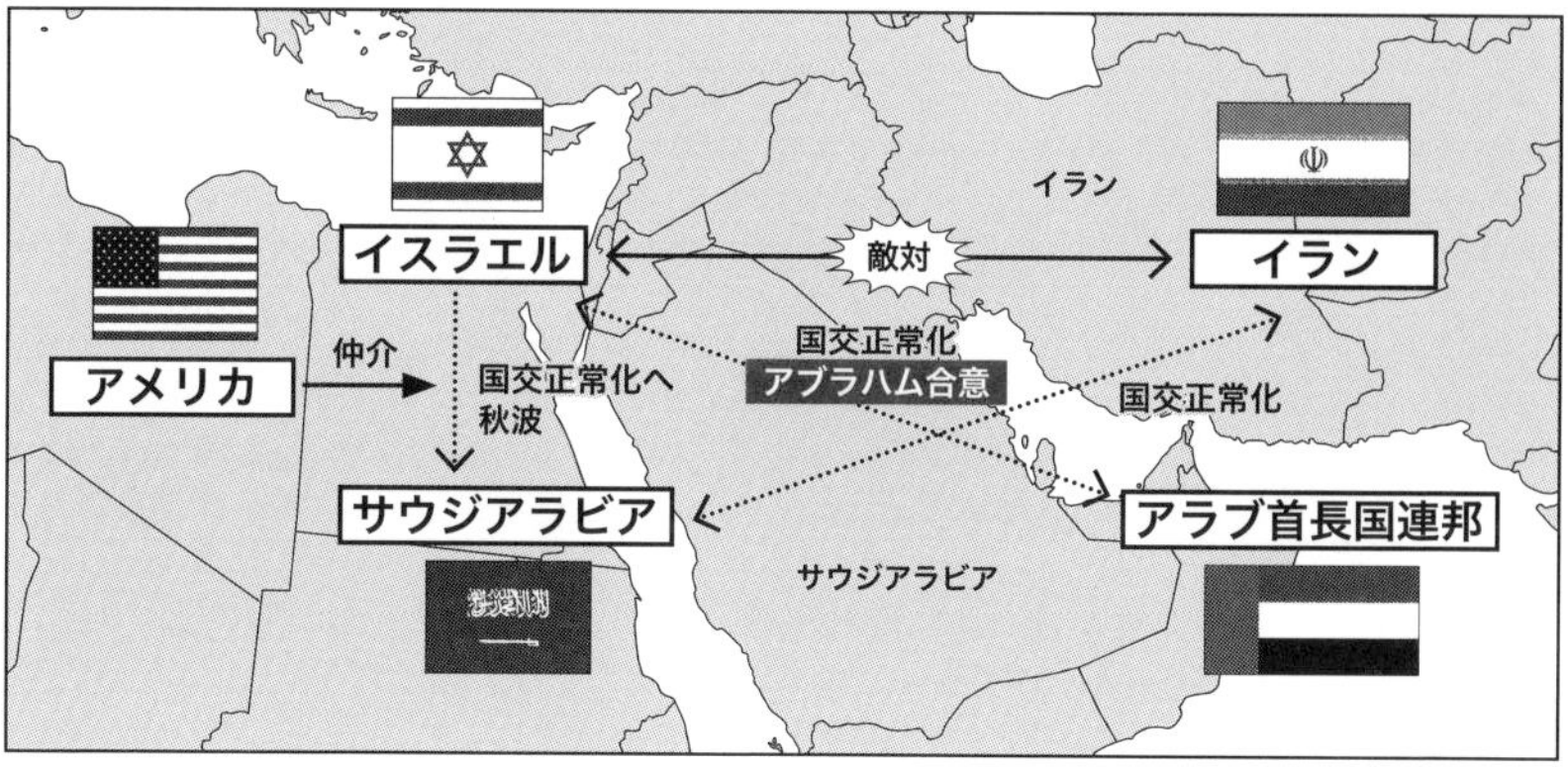

■アブラハム合意の国

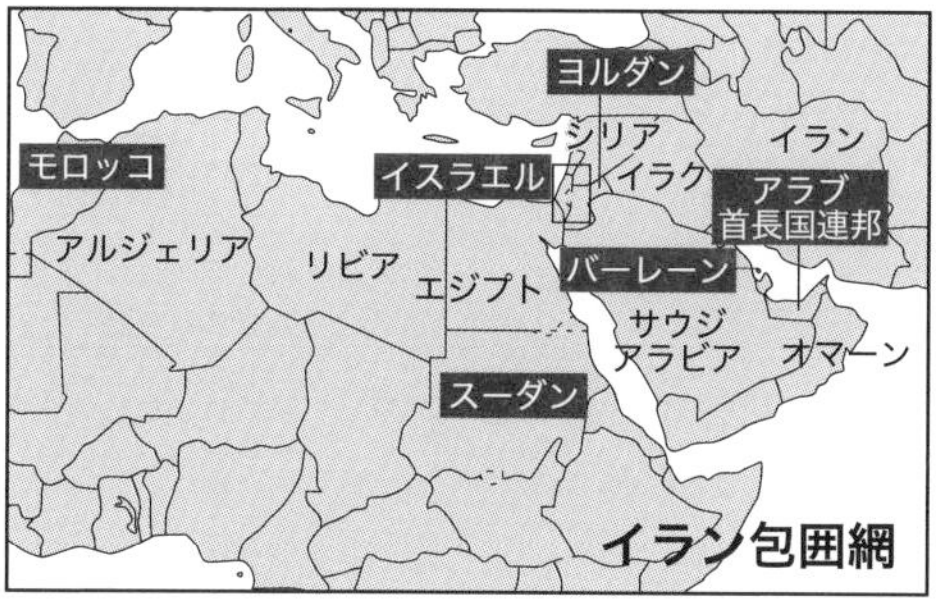

ポイント解説

3つの宗教の父・アブラハム

ユダヤ教、キリスト教、イスラム教の共通の始祖でユダヤ民族、アラブ民族の父祖とされる。ヘブライ語で「多数の父」を意味する。古代メソポタミア地方のウルで生まれ、神の啓示を受けてカナンの地へ向かった。神はアブラハムを試すために、子のイサクを犠牲として捧げることを命じた。アブラハムは神の言葉に従ったため、神は祝福し、子孫の繁栄や、カナンの地を与えることなどを約束した。

05

ハマスに加担する「抵抗の枢軸」の正体

イラン、シリア、ハマス、イスラム聖戦などの反西側ネットワーク

「抵抗の枢軸」とは、反アメリカ、反イスラエルを共通目的としたイラン主導のネットワークである。イランのほかにシリア、ガザ地区のハマスやイスラム聖戦、レバノン南部に拠点を置く武装組織ヒズボラ、イエメン北部のフーシ派など12の勢力が存在する。イランはこうした外部勢力を利用して、国外で代理戦争を行ってきた。

イスラム聖戦は、イスラエルの抹殺とイスラム国家の樹立を掲げ、ハマスと共闘する。ヒズボラも「シオニスト（ユダヤ人国家を支持する人々）の占領打倒」を目標に掲げる。

ヒズボラの戦闘員は最大4万5000人。イランからの資金援助は年間7億ドルといわれ、これまでイスラエル北部に攻撃を仕掛け、イスラエル軍と激しい衝突を繰り返している。

一方、フーシ派はイランからドローンやロケット弾を供与され、サウジアラビアやアラブ首長国連邦（UAE）などへ越境攻撃や、西側の商船へのテロ攻撃を行っている。

米軍は2月、フーシ派に加えてイラクとシリアで活動するイラン革命防衛隊コッズ部隊などの武装組織を空爆し、攻撃継続の構えを見せている。「抵抗の枢軸」の実態は雑多なネットワークだ。イランやヒズボラはシーア派、ハマスやイスラム聖戦はスンニ派に属するのに対して、フーシ派はシーア派の中のザイド派に所属する。

真偽は明らかではないが、今回のハマスによるテロはイランのコッズ部隊のトップがハマスの代表を含む過激派との会合で、イスラエル攻撃を「調整」するよう促したとも報じられている。

中東を揺るがす武装組織ネットワーク

■イスラエルを囲む抵抗の枢軸

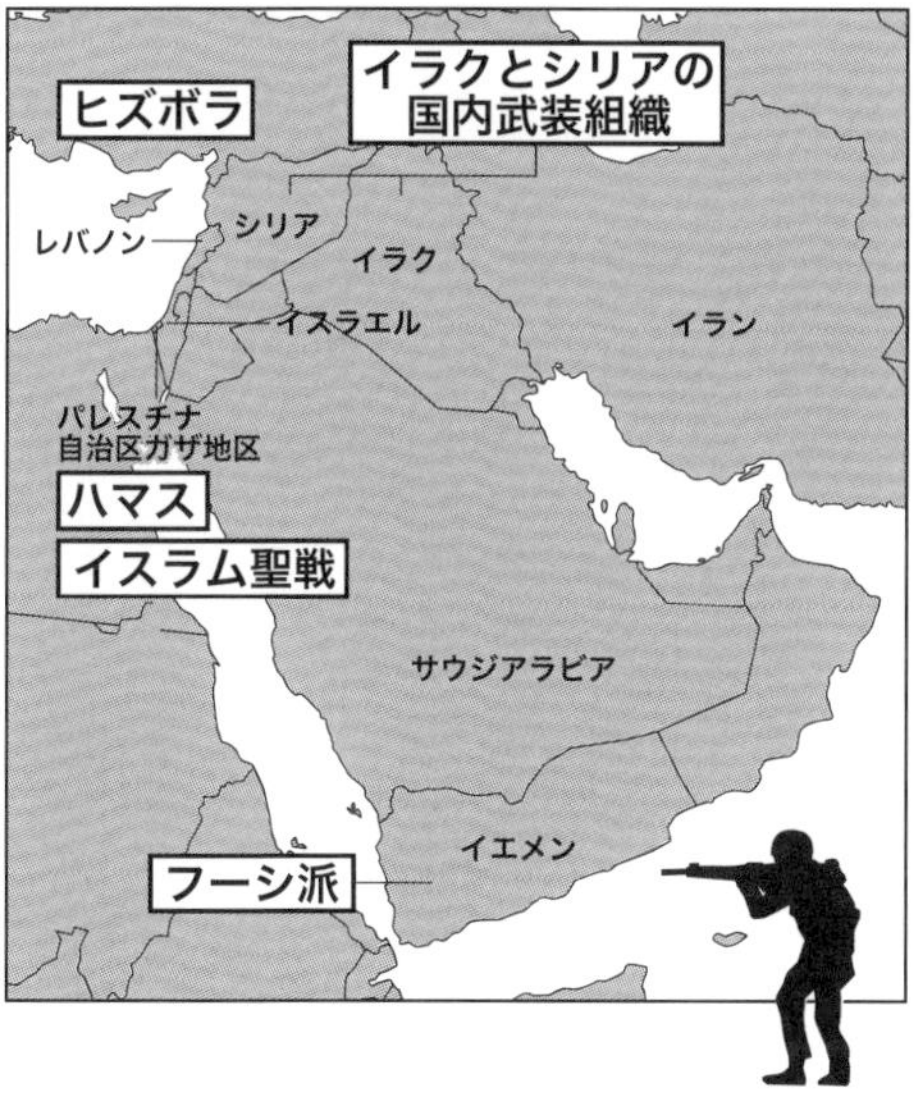

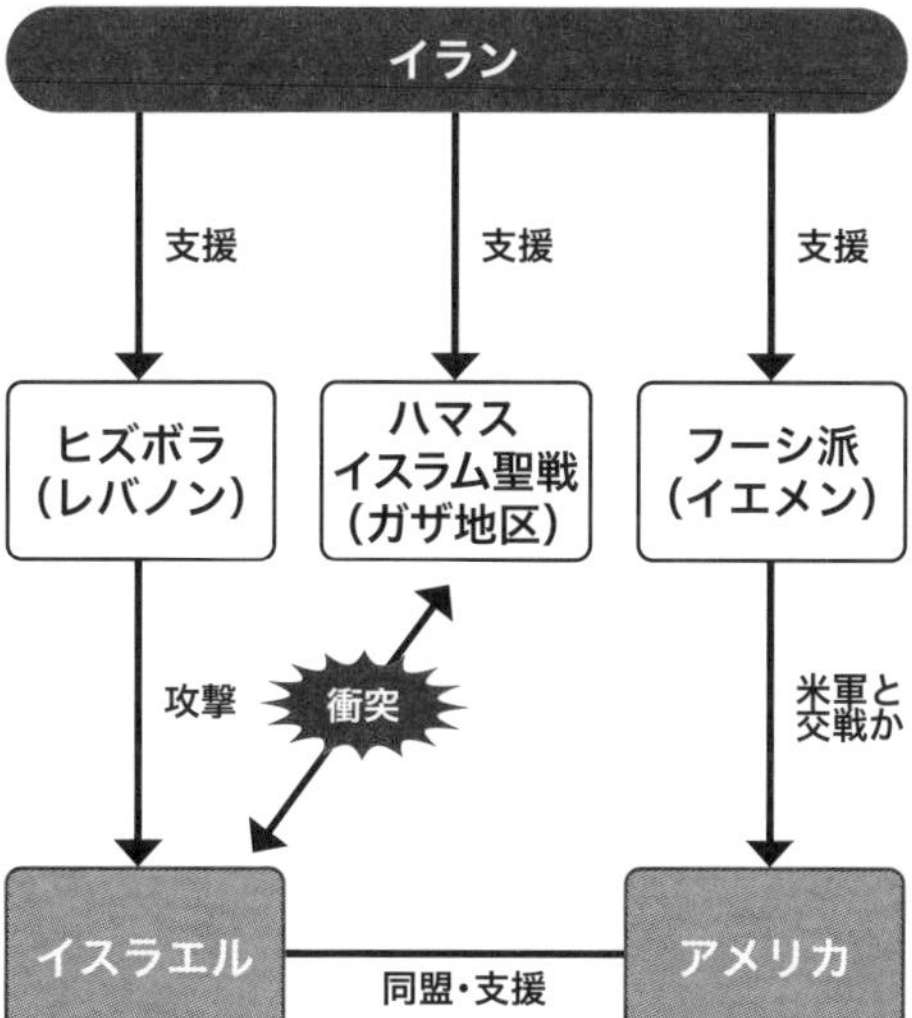

イラン

イスラム革命防衛隊の中の「コッズ部隊」が「抵抗の枢軸」を支援。兵器、資金、市税の提供、軍事顧問による訓練など多岐にわたる。総兵力61万人。

ハマス

パレスチナ自治区のガザ地区を実効支配するスンニ派イスラム組織。イスラム原理主義組織「ムスリム同胞団」を母体に、1987年、反イスラエル闘争を機に結成。武力によるイスラエルの打倒とパレスチナにおけるイスラム国家の樹立を目標に掲げる。兵力約3万人から5万人。

イスラム聖戦

ガザ地区に拠点を置くスンニ派武装組織。1979年、イラン革命に影響を受けて設立。スンニ派イスラム組織「ハマス」に次ぐ規模を持つ。ハマスと共にイスラエルと戦闘中。兵力約8000人。

ヒズボラ

イスラエルの隣国レバノンの南部に拠点を置くシーア派系イスラム組織。イスラエルが最大の脅威として警戒する。1982年に発足。戦力は正規軍をしのぐと言われている。兵力約4万5000人。

フーシ派

イエメン北部を拠点に活動するイスラム教シーア派の分派、ザイド派の反政府武装勢力。ハマスへの連帯を示し、紅海周辺でイスラエル関連船舶への攻撃を続けている。兵力１万人から3万人。

イラクとシリアの国内武装組織

イラク、シリアにはイランと関係が深い多数の武装組織がある。イラクでは、IS（イスラム国）が弱体化された後、イランの代理勢力として影響力を保持。イラクだけで兵力約7万5000人から14万5000人。

06

モサドがハマスのテロを防げなかった理由

ハマスを過小評価していた世界屈指の情報機関

ハマスのテロを許したことについて、ハレビ元モサド長官（イスラエル諜報《ちょうほう》特務庁）は「モサドの歴史的敗北だ」と述べた。世界屈指の情報機関と言われるモサドは1949年に設立された。対外情報収集と特殊作戦を任務とする。

モサドのほかにもテロ組織の摘発や防諜活動を担当するシンベット、軍事情報の収集・分析を行うアマンなどが存在する。

モサドが創設されたのは、ナチスによって600万人のユダヤ人が大量虐殺されたホロコーストが背景にある。ユダヤ人生存のためにはインテリジェンスが生命線であることに気がついたからだ。

モサドは、これまでユダヤ人のホロコーストの実行責任者、ナチス親衛隊幹部のアイヒマンの逮捕や、シリアの原子炉破壊、ハマスの軍事部門創設者の殺害など成果を挙げてきた。

しかし最強の機関が、なぜ今回のテロを許してしまったのか。その理由として①イスラエルはこれまで多数のハマス幹部を殺害しており、組織は弱体化していると過小評価していた。②ハマスはイスラエルへの対抗姿勢を失ったと見せかける偽装作戦を続けて、イスラエルを欺いた。連絡を傍受されないように、文書や口頭によって指令を出していた。③イスラエルは仮想敵イランにのみ関心を集中させていた、などが指摘されている。

事件3日前にエジプトから「大きな事態が発生する」と警告を受けていたが、関心を向けなかった。

第4次中東戦争では、奇襲攻撃の情報を軽視したメイア首相が辞任に追い込まれた。ネタニヤフ首相もまた責任を問われる可能性は十分にある。

イスラエルとアメリカの情報機関

	対外情報機関 通信傍受やスパイ、各国の協力者を駆使	国内治安機関 治安要員を通じ、国内テロ情報などを収集	軍情報機関 通信や通信傍受、軍人の活動などにより収集
イスラエル	**モサド** イスラエル諜報特務庁で「モサド」と通称。世界屈指の諜報・秘密工作能力を持つ情報機関といわれる。諜報活動, 特務工作、秘密工作を主要任務とし、パレスチナ、イスラム諸国をはじめ全世界で活動。イスラエルの安全保障の中核を担う。	**シンベット** イスラエル安全保障局。テロ組織の摘発など、おもにイスラエル国内とガザを含めたイスラエル国防軍占領地区での治安維持活動や防諜活動に従事している。モサド、アマンと共にイスラエルの３つの主要な情報機関の1つ。	**アマン** イスラエル国防軍の情報機関であるイスラエル参謀本部諜報局の略称。モサドが海外での諜報活動を行うのに対して、アマンは国内での防諜などを担当。国家防衛の任務では、「アマン」が最大かつ最重要の諜報機関。
アメリカ	**中央情報局（ＣＩＡ）** 通称「カンパニー」。本部はバージニア州ラングレー。スパイなどの人間を使った諜報活動を行う。大統領の直属機関として、対外政策の決定に必要な秘密情報を提供することが任務。アメリカのインテリジェンスの中核を担う。	**連邦捜査局（ＦＢＩ）** 単に「ビューロー」と呼ばれることも多い。アメリカ連邦政府司法省に属し、連邦法規の執行権限をもつ調査・報告機関。テロやスパイなど国家の安全保障に関わる事件や、複数の州にまたがる犯罪や誘拐事件の捜査を担当。	**国防情報局（ＤＩＡ）** アメリカ国防総省の情報機関。陸海空軍等の諜報を担当。 **国家安全保障局（ＮＳＡ）** アメリカ国防総省(ペンタゴン)の傘下にある諜報機関。C通信傍受・盗聴・暗号解読などの「信号情報」活動を担当する。

ポイント解説　ホロコーストの責任者アイヒマン

ナチス・ドイツの親衛隊幹部。1932 年にナチス党員となり，第２次大戦中にヒトラーのユダヤ人絶滅計画の実行責任者となった。大戦後、アメリカ軍に逮捕されたが脱走し、偽名を使ってアルゼンチンに潜伏した。情報提供を受けたモサドは２年にわたって追跡した結果、60 年に発見。イスラエルに連行された。アイヒマンは絞首刑を宣告され、62 年に処刑された。

07

中東を不安定化させた「アラブの春」とは？

背後でアメリカが主導した反米政権転覆のための民主化運動

中東の力学を変えた1つが、2003年のアメリカによるイラク戦争だ。フセイン政権が倒されたことで、独裁政権が多かった中東の国々では民主化運動が相次いだ。

チュニジアでは2010年、デモによって23年間続いたベン・アリ独裁政権が崩壊した。政権打倒の動きはエジプトやリビア、シリア、イエメンなどにも波及し、「アラブの春」と呼ばれた。セルビアやウクライナなどでも政権が倒されたが、こちらは「カラー革命」と呼ばれる。

一連の民主化運動を背後で主導したのがアメリカだ。オバマ政権で国務長官を務めたヒラリー・クリントン氏は反米政権の転覆のためには、民主化運動のような市民の力を利用すべきだと述べた。

しかし、独裁政権崩壊後もさまざまな勢力が権力を争い、内戦に発展するケースも現れた。とくにシリアでは反政府デモをアサド政権が弾圧したことで、大規模な衝突が発生。武装組織が乱立し1300万人の難民・避難民が生まれた。

そうした混乱の中で台頭したのが、イスラム教過激派組織「イスラム国（IS）」だ。ISは異教徒に対して武器を持って戦うジハード主義を掲げる。拉致《らち》した人の首をはねる映像は人々を恐怖に陥れた。そうした過激なイスラム主義は、ハマスとも共通する点がある。今回、ハマスが大量の人質を取ったのはISの手法だ。

今後ハマスが掃討されたとしても、さらに過激なISなどが台頭するという指摘もある。アメリカが強引に進めた民主化は、テロを助長する皮肉な結果を生んだ。

過激なイスラム主義を生んだ「アラブの春」

■アラブの春が起きた国

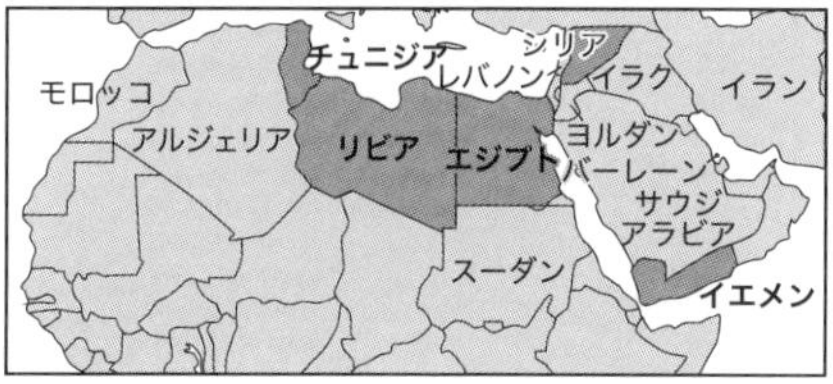

外務省ホームページより

「アラブの春」は失敗だった

■「アラブの春」のあらまし（2010年12月～ 2011年12月）

2010年12月	チュニジアで青年が焼身自殺。
2011年1月	チュニジアで民主化デモが拡大。23年続いたベン・アリ政権が崩壊。エジプト各地で反体制デモが発生し、全国に拡大。ヨルダン、アルジェリアなどでも大規模デモが発生。
2011年2月	エジプトで30年に及ぶムバラク政権が崩壊。国軍が暫定的に国家運営を掌握。イエメン各地でサレハ大統領退陣を求めるデモが頻発。リビアで東部を拠点とする反体制派とカダフィ政権が武力衝突し、半年に及ぶ内戦状態に。バーレーン、モロッコなどでも大規模なデモが発生。
3月	リビアで米英仏を中心とした多国籍軍が国連安保理の決議に基づく軍事行動を開始。シリア各地で反政府デモが発生。シリア政府は厳しい弾圧に乗り出す。
4月	湾岸協力会議（GCC）がイエメン政府と反政府勢力の仲介を提示。
5月	G8が中東・北アフリカ諸国の民主化を支援する。「ドーヴィル・パートナーシップ」の立ち上げ。
8月	リビアで反体制派が首都トリポリを制圧。
10月	リビアの指導者カダフィ殺害。反体制派がリビア全土の解放宣言。
11月	イエメン・サレハ大統領がGCCによる仲介案に署名。リビア、移行政府内閣を組閣。
12月	イエメンで挙国一致内閣が発足。チュニジアで新内閣が発足。

ポイント解説

残虐なテロ組織「イスラム国」

イスラム教スンニ派の過激派組織。イラクからシリアの山間部や砂漠地帯などに展開、6000 人から 1 万人のメンバーを擁する。イスラム教の預言者ムハンマドの後継者「カリフ」が統治する国家の樹立を目指し、2014 年にはイラクからシリアの一部地域で「カリフ国家」の樹立を宣言した。拘束した外国人の画像を公開し処刑する残虐行為で知られ、日本人 2 人も犠牲になった。

08

求心力を失った「パレスチナの大義」

パレスチナ人の国家樹立はアラブ人共通のスローガンだった

「パレスチナの大義」とは、故郷を奪われたパレスチナ人は自らの故地を回復し、国家を樹立する権利があることを意味する。パレスチナ人の民族自決権は国際法上も認められている。

国連総会が1947年に決議した第181号（Ⅱ）は、パレスチナの地をユダヤ人とアラブ人の国家に分割した「2国家共存」を定めた。また48年に採択された総会決議第194号では、第1次中東戦争で故郷を追われたパレスチナ難民の帰還権と賠償を認めている。さらに67年の第3次中東戦争後に採択された安保理決議第242号は、イスラエルが占領したすべての領土から撤退することを求めている。しかしイスラエルは、決議の履行を拒否したままだ。

かつて「パレスチナの大義」は、アラブ人たちが共有する政治的スローガンだった。しかし4次にわたる中東戦争で敗北したアラブ側では、大義への忠誠心が徐々に薄れ始め、イスラエルと関係改善を進める国が増えた。

またパレスチナ側もヨルダン川西岸はパレスチナ解放機構（ＰＬＯ）主流派のファタハ、ガザ地区はハマスが支配して対立し、連帯を失った。イラク戦争後は、中東の秩序が混乱して、アラブ諸国を1つにまとめる民族主義的な原理はなくなっている。

一方で「パレスチナの大義」を偽善だとする見方もある。武装組織が資金集めの手段に「大義」を利用しているという批判だ。かつてアラファトＰＬＯ議長は、アラブの同胞に呼びかけて集めた義援金を蓄財したことはよく知られている。

国連のパレスチナ問題に関する決議

パレスチナ分割決議　2国家共存
1947年　国連総会決議第181号

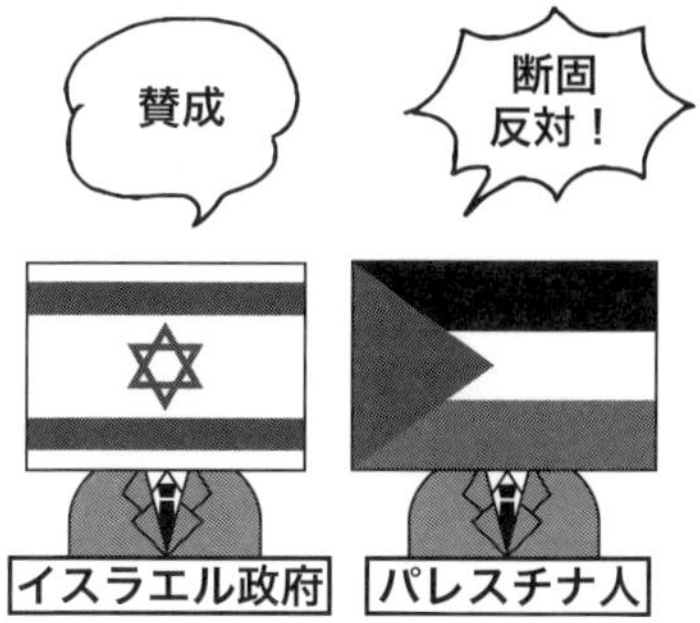

パレスチナをユダヤ人国家とアラブ人国家に分割。パレスチナ地域の56%をユダヤ人国家に、43%をアラブ人国家に割り当てる。エルサレムは国連管理地区とする。パレスチナとイスラエルの2国家を共存させるビジョンを確立。翌年のイスラエルの建国へと道を開くことにもなった。

1948年　国連総会決議第194号
パレスチナ帰還権

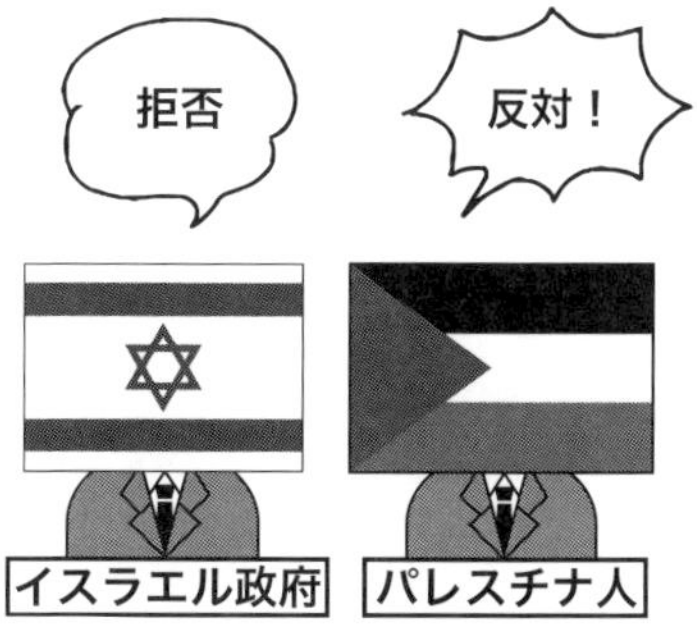

パレスチナ難民のイスラエル領に帰還する権利と賠償が認められた。第11条には、「故郷に戻り、隣人たちと平和に暮らすことを望む難民は、できるだけ早く帰還を許可されるべきであり、補償金が支払われるべきである」と書かれた。

1967年　国連安保理決議第242号
イスラエルの占領地からの撤退

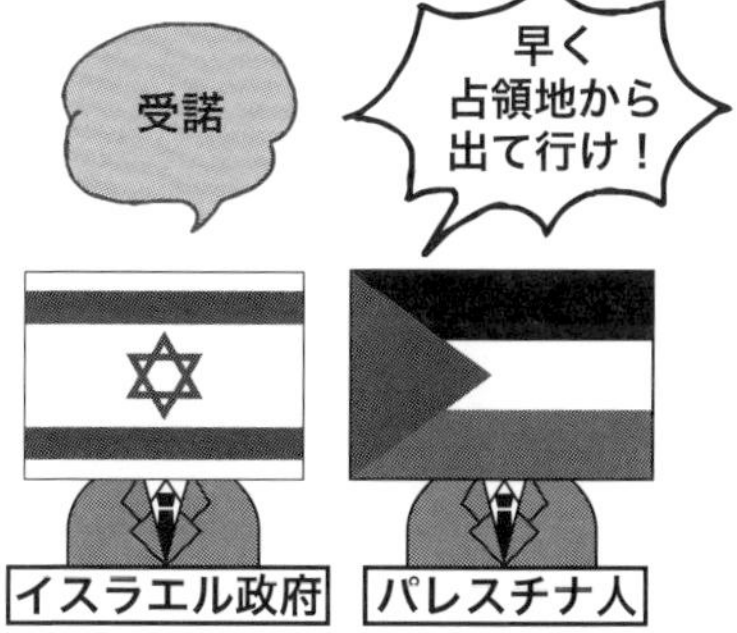

1967年の第3次中東戦争後に全会一致で採択。イスラエルが占領した地域（ゴラン高原、西岸・ガザ、シナイ半島）からの撤退を求めた。同時に、地域にあるすべての国の存続を認めた。以降、イスラエルは「国際法違反の占領」を非難されることになり、占領地では「インティファーダ」と呼ばれるパレスチナの抵抗運動も広がっていく。

09

「2国家共存」はもはや期待できないのか

絶望的となったイスラエルとパレスチナの平和的共存

「2国家共存」は、パレスチナ国家を樹立してイスラエルとパレスチナが平和的に共存することを目指すものだ。しかし、パレスチナ難民の帰還、エルサレムの帰属、パレスチナ国家とイスラエルとの最終的な国境線の画定、イスラエルの占領地内のユダヤ人入植地の扱いなど、双方が絶対に妥協できない難しい問題が残されている。

仮にパレスチナ難民の帰還を認めれば、ユダヤ人は人口構成で少数に転落し、ユダヤ人国家のアイデンティティが失われるとイスラエルは強く反発している。

1993年、ヨルダン川西岸とガザ地区でパレスチナによる暫定自治を認める「オスロ合意」が締結され、実現に向けて前進した。ところが、今回の戦闘によって、「2国家共存」はほぼ絶望的になりつつある。

イスラエルのネタニヤフ首相は戦闘終結後のガザ地区について「安全保障の責任を（イスラエルが）無期限に持つ」と、パレスチナ側の主権を否定し、「2国家共存」を拒否する姿勢を示した。アメリカは「2国家共存」を支持する立場だ。バイデン大統領やブリンケン国務長官らは、ガザの統治は「自治政府が中心的役割を果たす」と述べている。

パレスチナ国家樹立に向け、大きな山場となった2000年のパレスチナの最終地位交渉は、パレスチナ解放機構（PLO）のアラファト議長がイスラエルの譲歩を受け入れず決裂。交渉はストップしている。「2国家共存」構想が潰《つい》えれば、パレスチナの将来は見通せなくなる。

2国家共存解決を否定したトランプ前米大統領

理想 **2国家共存**

パレスチナ人が自分たちの国をもち、
隣り合うイスラエルと共存する

2国家でも
1国家でも
いい
アメリカの
唐突な政策転換で
2国家共存を
ぶち壊し
独立国家は
オレたちの
悲願
パレスチナ人
トランプ
前米大統領

■イスラエルとパレスチナの歴史

年	出来事
1947年	国連でパレスチナ分割決議。
1948年	イスラエルが建国宣言。 直後に起きた第1次中東戦争でイスラエルが圧勝し、大量のパレスチナ難民が発生。
1948年～73年	第1～第4次中東戦争
1993年	オスロ合意締結。イスラエルとパレスチナ解放機構(PLO)が相互承認し、パレスチナが暫定的にヨルダン川西岸とガザ地区で自治を始める。
2006年	イスラム組織ハマスがパレスチナ立法評議会選挙で圧勝。
2007年	ハマスがガザ地区を実効支配。
2008年 2014年 2021年	イスラエル軍とハマスが衝突。
2020年	イスラエルとアラブ首長国連邦などがイスラエルと国交を樹立するアブラハム合意に署名。
2023年	ハマスの奇襲攻撃を発端に、ガザ地区でハマスとイスラエルの戦闘が勃発。

10 ネタニヤフ首相とは、どんな人物なのか

ガザ地区への徹底した軍事作戦で国内外の反発を巻き起こす強硬派

イスラエルの首相ベンヤミン・ネタニヤフは、イスラエル政界のトップとして最長の任期を誇り、「キング・ビビ」の愛称で呼ばれる。

1949年10月21日にテルアビブで生まれ、アメリカのマサチューセッツ工科大学で建築学や経営学を学んだ。64年にイスラエル国防軍（IDF）に入隊。特殊部隊に所属し、参謀総長を務めた。

この間、第3次中東戦争のシナイ半島への侵攻作戦に携わったほか、72年に起きたサベナ航空ハイジャック事件の制圧作戦にも参加した。

88年に政界に入り、ユダヤ民族主義を訴え、タカ派的な主張を掲げるリクード党党首に就任。96年〜99年、2009年〜21年、22年12月29日から現在まで政権を率いている。

保守強硬派として知られ、パレスチナ国家の樹立に反対。パレスチナ自治政府との交渉を拒否し、ユダヤ人入植地の拡大や、IDFによる軍事行動を積極的に支持している。

安全保障に関しては「イスラエルは核保有国ではないが、核兵器を保有する能力を持っている」と述べ、核武装に肯定的な姿勢をとる。

イスラエル寄りのトランプ前大統領と親しい反面、オバマ元大統領やバイデン大統領とはそりが合わない。

今回のガザ地区での軍事作戦では、過剰なほどの破壊行動が国内外で反発を巻き起こした。

政治家としても背任、収賄や詐欺の容疑で起訴されているほか、最高裁の独立性を損なう司法改革案を進めようとして「民主主義の破壊者」というレッテルを張られている。

強硬な発言が目立つネタニヤフ首相

ベンヤミン・ネタニヤフ首相　　写真:代表撮影/ロイター/アフロ

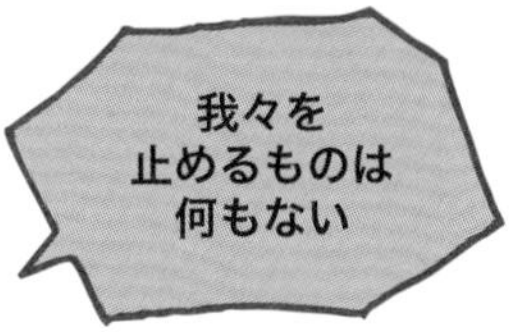
我々を
止めるものは
何もない

■イスラエルの歴代首相（1992年以降）

就任時期	首相
1992～95年	イツハク・ラビン(2回目)
1995～96年	シモン・ペレス(2回目)
1996～99年	ベンヤミン・ネタニヤフ(1回目)
1999～2001年	エフド・バラク
2001～2006年	アリエル・シャロン
2006～2009年	エフド・オルメルト
2009～2021年	ベンヤミン・ネタニヤフ(2回目)
2021～2022年	ナフタリ・ベネット
2022年	ヤイル・ラピド
2022年～	ベンヤミン・ネタニヤフ(3回目)

■イスラエルとアメリカの見解の相違

	イスラエル	アメリカ
収束後のガザ統治	可能な限りイスラエルが統治	パレスチナ自治政府が中心に
2国家解決	否定的	唯一の方法

ポイント解説

汚職まみれだったネタニヤフ首相

ネタニヤフ首相は背任、収賄、詐欺などの汚職容疑で起訴されている。富裕層の友人の便宜を図る見返りに、高価なシャンパンや葉巻などの贈答品を受け取ったり、自分に好意的な記事を書かせるために、メディアに対する規制を緩めるなどの便宜を図ろうとした疑惑がある。国民の批判をかわすために、世論の支持を得やすい対パレスチナ強硬策をとっているとも言われる。

髙山正之の中東巻論　1

欧米の狙いは中東の石油。戦争の大義などない

中東を理解するには3つの基礎知識がいる。民族と宗教、そして石油だ。もし中東に石油がなければ、中東問題は世界の問題にはならなかった。「アラブの春」は欧米ではいかにも良さげに報道される。しかし、実態はどうかと言えば、多くの国で混乱が起き、イスラム政権が復活した。リビアでは、中東の指導者と期待されたカダフィを民衆が追いつめ、NATO軍機も協力して殺害した。しかし、石油だけは出ている。アラブの春の狙《ねら》いは、このリビアの形に持っていくことだった、と言われる。

欧米にとって「中東に覚醒はいらない。混乱か停滞のなかにあって、ただ石油さえ出していればよい」のである。最初は第１次世界大戦だった。発端は東方正教会のセルビア人によるローマカトリックのオーストリア皇太子の暗殺だった。オーストリアに民族も宗教も同じドイツがついた。セルビアには同じ東方正教会のロシアがついたが、これにイスラムのオスマントルコが参戦し、ドイツについた。トルコは参戦して、ロシアに奪われた北辺の領土を取り戻したいと思った。これを見てカトリック系の英仏は即座に東方正教会系のセルビア、ロシアについた。宗教的にはあり得ない選択だが、理由はオスマントルコが持つ中東だった。そこに潤沢な石油資源があるからだ。

彼らには戦争の大義などはない。トルコを負かすとその領土だった中東を分割して、サウジやクウェート、イラクなどの埋蔵石油は英仏が手に入れた。第2次大戦も同様だ。連合軍は中立イランに侵攻して占領、リビアを含むマグレブ地方の石油資源も欧米が掌握した。すべては「中東は石油だけ出していればいい」という文脈で通底している。

第2章

そもそも
パレスチナ問題とは
何か

11

イスラエル、パレスチナの由来は？

神からの別名がイスラエル、パレスチナはペリシテ人が住む地

イスラエルの歴史は古代のヘブライ人にさかのぼる。ヘブライ人はユーフラテス川上流の東側に住んでいた人々で、紀元前20世紀頃にカナン（エルサレム周辺）の地に移動してきた。

『旧約聖書』によれば、最初に神と契約を結んだアブラハムが神の指示に従って移住した場所で、アブラハムはそこで2人の子をもうけた。

1人は愛人との間で生まれたイシュマエル、もう1人は正妻との間で生まれたイサク。そのイサクの息子、ヤコブが神と格闘し、神から祝福されたことから「イスラエル」という名前を授かったとされている。その子孫がユダヤ人の始祖となり、現在のイスラエルの国名として使用されるようになった。ちなみにイシュマエルはアラブ人の始祖とされている。

一方、パレスチナは紀元前12世紀から同6世紀にかけて、カナンに住み着いた「海の民」ペリシテ人の名前に由来する。ペリシテ人が住む土地という意味から、パレスチナと呼ばれるようになった。ペリシテ人とヘブライ人とは対立を繰り返したことが『旧約聖書』には記されている。やがてペリシテ人は民族集団として存在することはなくなった。

紀元前1世紀にローマ帝国がこの地を占領すると、ユダヤ人の大部分が追放されて離散した。7世紀にイスラム教が誕生しイスラム帝国が拡大すると、イスラム教徒のアラブ人がこの地に定住した。以後、パレスチナの地はオスマン帝国の支配やイギリスの委任統治などを経て、イスラエルが建国された。

ユダヤ人とアラブ人の系譜

■アブラハムの系譜

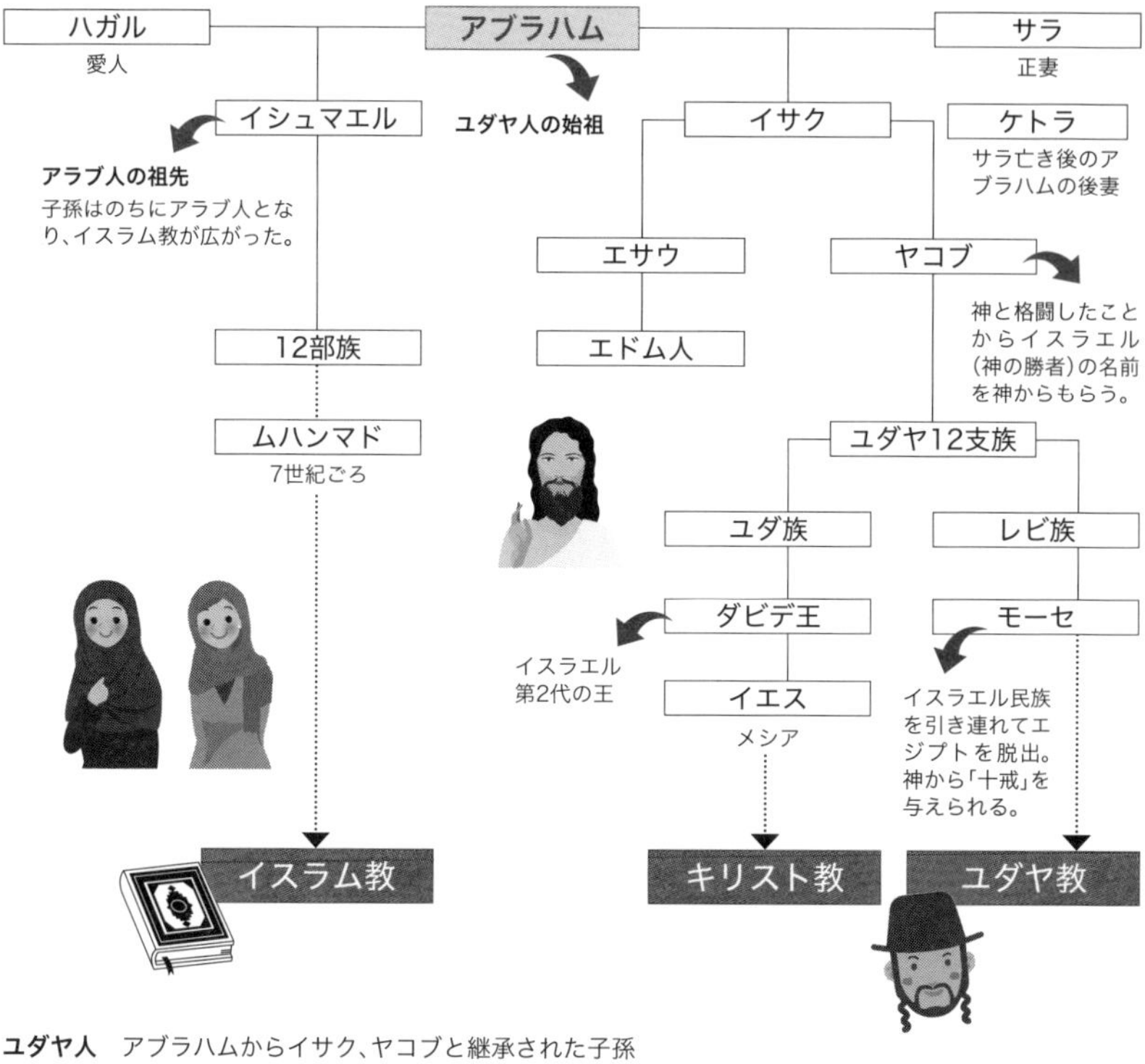

ユダヤ人　アブラハムからイサク、ヤコブと継承された子孫
アラブ人　イシュマエル、エサウ、ケトラの6人の息子の子孫

> **ポイント解説**
> ### イサクとイシュマエル
> 高齢のアブラハムと正妻サラの間には子どもができなかった。そこでサラは自分が奴隷として所有していたエジプト人女性ハガルをアブラハムに勧め、子ども（イシュマエル）を産ませた。その後、サラも子ども（イサク）を授かった。イサクはユダヤ人の祖となる。ハガルとイシュマエルの母子はやがて追放されたが、その関係はユダヤ人とアラブ人が置かれた状況を暗示する。

12

3つの宗教の聖地が混在するエルサレム

対立を繰り返すユダヤ教、イスラム教、キリスト教の「火薬庫」

エルサレムにはユダヤ教、キリスト教、イスラム教の聖地が混在する。ユダヤ教においては、古代イスラエルの王ダビデがエルサレムを都に定め、息子ソロモンが神殿を造った場所である。キリスト教では、イエス・キリストが十字架にかけられ、復活した場所とされる。イスラム教ではメッカから飛来した預言者ムハンマドが「金のはしご」で昇天した場所と言われる。

ユダヤ教は「嘆きの壁」、キリスト教は「聖墳墓教会」、イスラム教は「岩のドーム」を聖地としている。これらが城壁に囲まれたわずか0・9平方キロメートルの旧市街区（東エルサレムの一角）の中に集中しているため、紛争の「火薬庫」となっている。

エルサレムをめぐっては歴史上、多くの王朝や国が支配を繰り返してきた。イスラエルとパレスチナの衝突は、聖地をめぐる対立に起因している。11世紀から13世紀にかけて、キリスト教徒はエルサレムを取り戻すために十字軍による軍事行動を起こした。十字軍はエルサレムを奪還し、一時はエルサレム王国を築いたが、1187年にイスラム勢力の指導者サラディンによって奪還された。その後、キリスト教徒は「聖墳墓教会」に行くために通行証が必要となった。

また、1517年にエルサレムを征服したオスマン帝国時代も、「岩のドーム」のある「神殿の丘」や「聖墳墓教会」をめぐって衝突が発生。オスマン帝国はエルサレム旧市街をイスラム教徒とキリスト教徒による共同管理とするなど、争いを解決しようとしたが、収拾できなかった。

密接するエルサレムの聖地

■エルサレム旧市街地

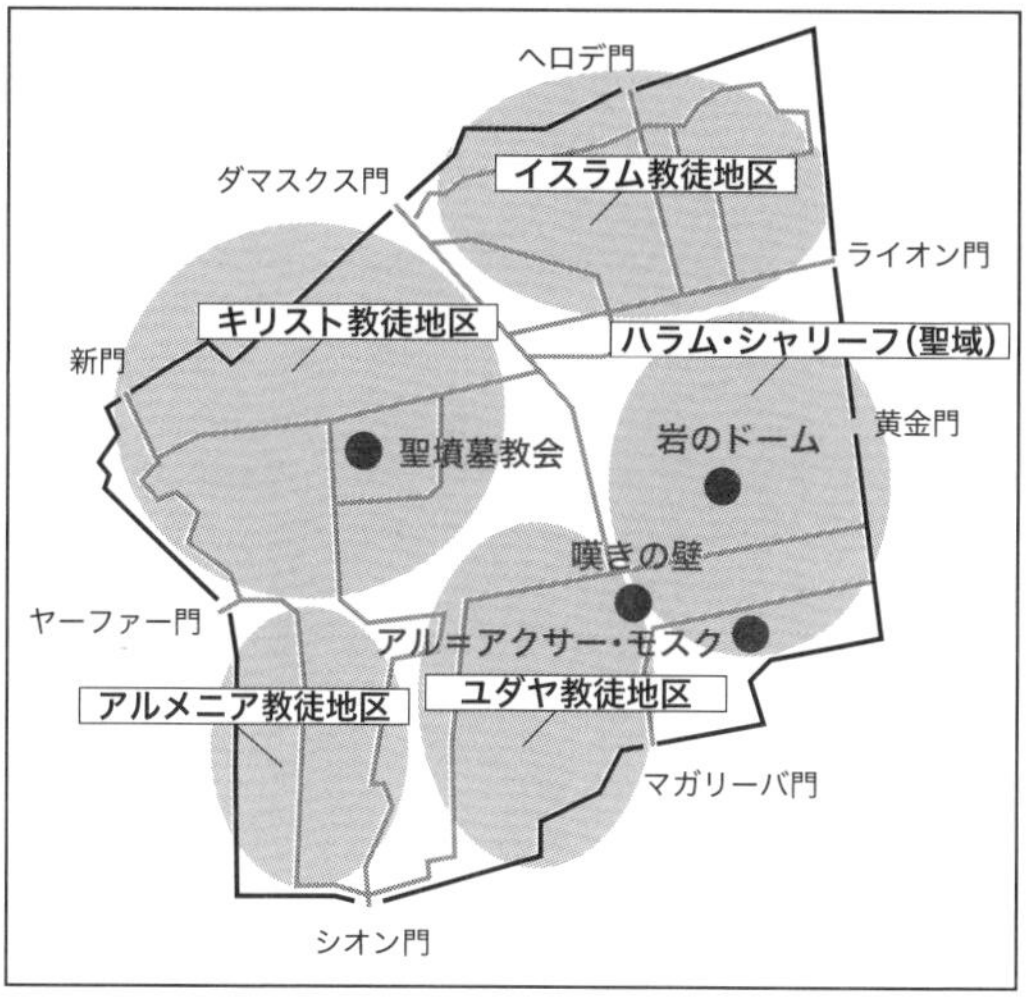

エルサレムには、ユダヤ教の「嘆きの壁」、イスラム教の「岩のドーム」、キリスト教の「聖墳墓教会」があり、3宗教の聖地になっている。

嘆きの壁のすぐ向こうに
岩のドームがあるよ

嘆きの壁とは？

紀元70年にローマ軍によって破壊されたエルサレム神殿の唯一現存する外壁。

岩のドームとは？

7世紀後半に建設された。中央にある岩から預言者ムハンマドが天に昇ったという。

写真:ロイター／アフロ

ポイント解説

ユダヤ民族の象徴「ダビデの星」

ダビデ王はイスラエル王国第２代王で、イスラエルを強国に育て上げ黄金時代を築いた。勇敢で力強く、民族の英雄として語り継がれている。イスラエル国旗にある六芒星《ろくぼうせい》は、ダビデ王の盾に描かれていたダビデの星をモチーフとし、イスラエルの保護と安全を祈願する意味が込められている。シオニズム運動の旗として採用され、国家のアイデンティティを象徴している。

13

600万人が殺害された「ホロコースト」

ユダヤ人の心に深い傷を残した人類史上で最も恐ろしい犯罪

パレスチナへのユダヤ人の大量移民が始まったのは1930年代からだ。その原因は、33年に成立したナチス政権によってドイツやヨーロッパ諸国で行われた組織的な大量虐殺（ホロコースト）である。

38年、ナチスのメンバーによりユダヤ人の居住地域やシナゴーグ（ユダヤ教会堂）などが次々と襲撃される事件が発生した。ナチス政権は事件を放置した。それが後にホロコーストにつながった。

ヒトラーの目的は、「不純な者」を排除して、「レーベンスラウム」（生存圏）をつくることにあった。その対象はユダヤ人ばかりではなく、ロマ（ジプシー）や社会主義者、障害者なども含まれた。

迫害によって死亡したユダヤ人は45年までに600万人を超えた。アウシュビッツ強制収容所での死者は100万人以上に上った。

人々は恐怖から逃れるためにパレスチナに渡った。移住したユダヤ人は、数十万人から百数十万人とされる。

一方、パレスチナを委任統治していたイギリス当局は、押し寄せるユダヤ人に怒りを募らせたパレスチナ人を警戒し、ユダヤ人の移住を制限した。海上封鎖を行い、47年には4500人を載せてフランスを出航した船を拿捕《だほ》し、連れ戻す事件も起きた。「安住の地」を前に、ユダヤ人たちは希望を打ち砕かれた。

この事件に国際社会からは強い同情が寄せられ、ユダヤ人の救出を支援する動きが広がった。

ホロコーストは人類史上で最も恐ろしい犯罪と言われる。

ヨーロッパ各地に設けられたナチスの強制労働所

■主な強制労働所

出典：Walter Geobel: Abiturwissen, Das Dritte Reich,Emst Klett,1987,S.115
Brockhaus Enzyklopaedie,F.A.Brockhaus,Mannheim, 1990,KIR-LAG S.324

アウシュビッツ強制収容所の正門

写真：AP／アフロ

ポイント解説　人類の悲劇の象徴アウシュビッツ

第２次世界大戦中、ナチス・ドイツがユダヤ民族抹殺を目的につくった強制収容所。ポーランド南部オシフィエンチム市（ドイツ語名・アウシュビッツ）に３つの収容所を建設。貨車で運ばれたユダヤ人たちは劣悪な環境で働かされ、その後、ガス室で虐殺された。1945 年にソ連軍によって解放。国際連合教育科学文化機関（ユネスコ）の世界文化遺産に登録されている。

14

ユダヤ人の「ディアスポラ」とシオニズム運動

迫害から逃れるために移住しイスラエル建国が実現

「ディアスポラ」とは離散を意味するギリシャ語である。ユダヤ人のディアスポラの起源は紀元前6世紀に起きたバビロン捕囚とされる。

前1000年頃、パレスチナの地に建国されたユダヤ人のイスラエル王国（イスラエル・ユダ連合王国）は南部のユダ王国と北部のイスラエル王国に分裂した。ユダ王国は新バビロニア帝国によって征服され、多くのユダヤ人が連行された。

捕らえられたユダヤ人はアケメネス朝ペルシアによって解放されて帰還を果たしたが、そこに今度はローマ帝国が襲来した。紀元前70年、エルサレム神殿を破壊されたユダヤ人たちは再びパレスチナから追放された。以来、イスラエル建国まで流浪の民となった。

パレスチナに「安住の地」を建設しようというシオニズム運動は1880年代、ロシア帝国内に住むユダヤ人に対する集団的な迫害（ポグロム）から始まった。そこから逃れるためにユダヤ人たちがパレスチナに移住を開始したことがきっかけとなった。

シオニズム運動を組織化し、指導したのは、ハンガリー出身のユダヤ人ジャーナリスト、テオドール・ヘルツルだ。1894年、フランスで起きたユダヤ人軍人の冤罪《えんざい》事件（ドレフュス事件）を取材する中で、ヨーロッパに広がるユダヤ人への差別や偏見を痛感したヘルツルは、「ユダヤ人国家建設」を訴える著書を刊行。1897年には第1回シオニスト会議を主宰した。以来、ヨーロッパを中心にユダヤ人が大挙してパレスチナに移住し、1948年のイスラエル建国へとつながった。

流浪の民となったユダヤ人

■イスラエルへの移民人数の推移

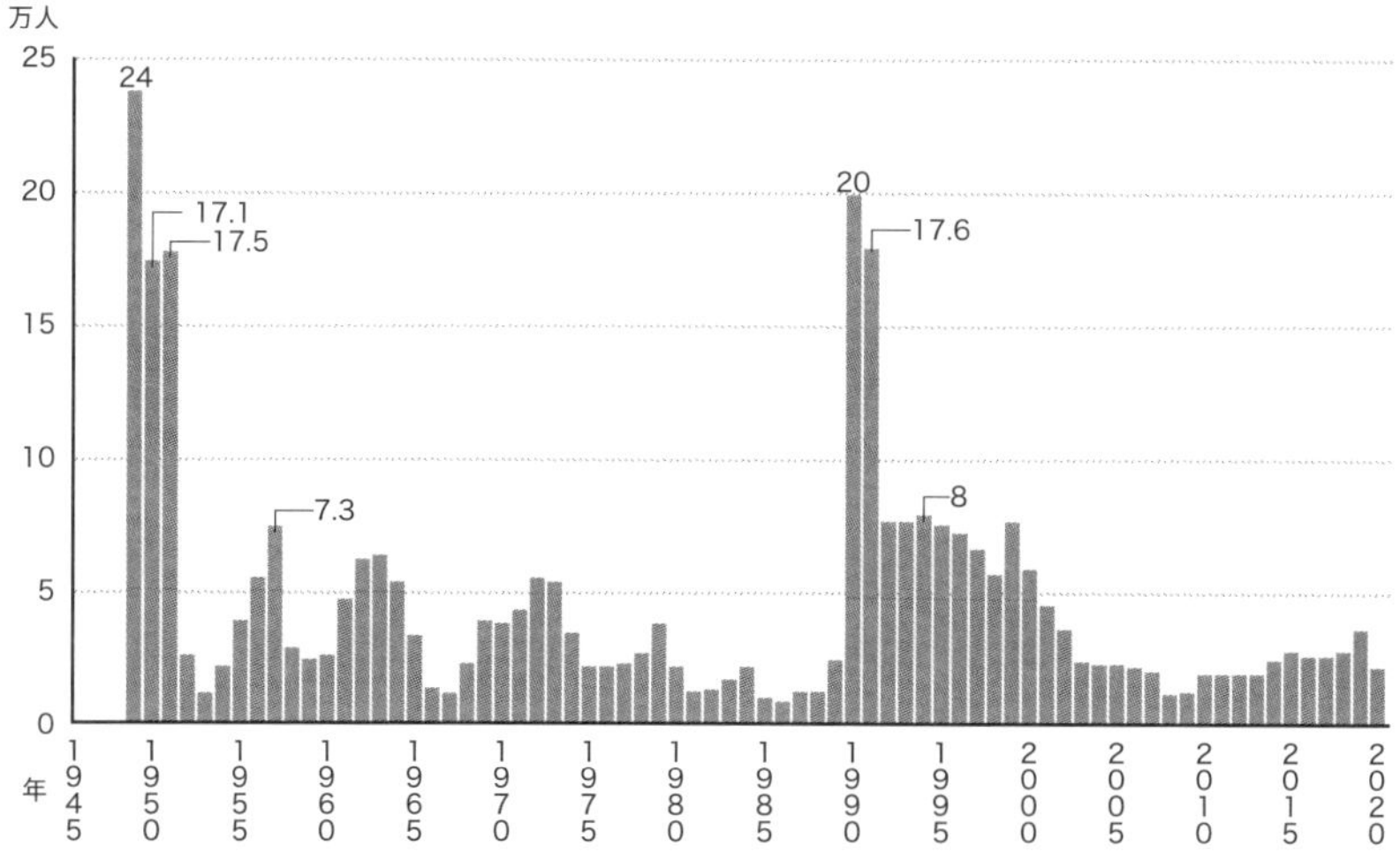

出典：OECD International Migration Outlook 2011,2012

ポイント解説

ドレフュス事件を生んだ反ユダヤ主義

第 3 共和政のフランスで起きた冤罪事件。1894 年、ユダヤ系のドレフュス大尉がドイツのスパイとして告発された。ドレフュスは無罪を主張したが、軍法会議で有罪判決を受けた。裁判をめぐっては背後にユダヤ人への差別があるとされ、国論は二分、政治抗争に発展した。1906 年に無罪となったが、この事件で軍部やカトリック教会の反ユダヤ主義が露出した。

15

民族対立を生んだイギリスの「三枚舌外交」

パレスチナ問題の根源となったユダヤとアラブ国家建国の約束

今のパレスチナ問題は、第1次世界大戦でのイギリスの「三枚舌外交」と呼ばれる矛盾した政策によって生まれた。

その背景には、1914年に勃発《ぼっぱつ》した第1次世界大戦の戦況を打開するイギリスの策謀があった。敵国ドイツと同盟関係にあったオスマン帝国の切り崩しを狙《ねら》うイギリスは、オスマン帝国からの独立を望んでいたアラブ人と「フサイン・マクマホン協定」(15年)を締結した。イギリスはアラブ国家の建国を約束する代わりに、アラブ人はイギリスの支援を受けてオスマン帝国に対抗するというもので、アラブ人がパレスチナに居住することを認めることも約束されていた。

一方、イギリスと同盟関係を結ぶフランスとロシアに対して、オスマン帝国を自分たちだけで分割する「サイクス・ピコ協定」(16年)を結んだ。

さらに巨額の戦費を調達するために、イギリスはユダヤ人の資金力に目を付けた。バルフォア英外相がユダヤ系大財閥のロスチャイルドに書簡を送り、パレスチナにユダヤ人の「民族的郷土」の創設を支援する「バルフォア宣言」(17年)を取り交わした。

アラブ勢力はイギリスと協力してオスマン帝国に反乱を起こし、オスマン帝国は崩壊した。しかし、アラブ人の独立国家樹立の約束は無視され、怒ったアラブは「大反乱」と呼ばれる武力闘争を展開した。一方、パレスチナには多くのユダヤ人が移住し、先住パレスチナ人との対立が生まれた。

イギリスは今も「三枚舌外交」の責任について、正式な謝罪をしていない。

イギリスの三枚舌外交

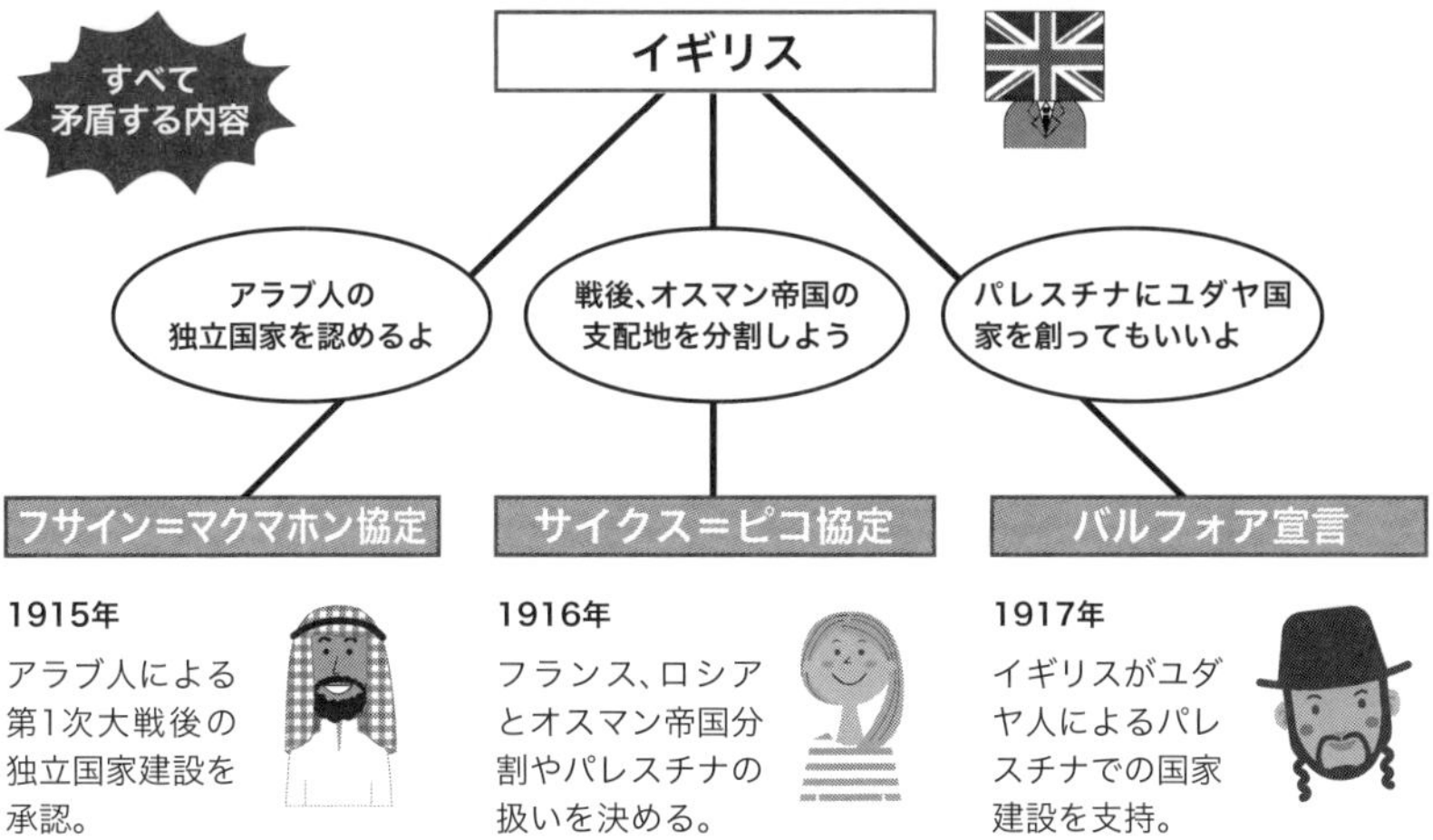
すべて矛盾する内容
イギリス
アラブ人の独立国家を認めるよ
戦後、オスマン帝国の支配地を分割しよう
パレスチナにユダヤ国家を創ってもいいよ
フサイン=マクマホン協定
サイクス=ピコ協定
バルフォア宣言
1915年
アラブ人による第1次大戦後の独立国家建設を承認。
1916年
フランス、ロシアとオスマン帝国分割やパレスチナの扱いを決める。
1917年
イギリスがユダヤ人によるパレスチナでの国家建設を支持。

■サイクス=ピコ協定の分割案

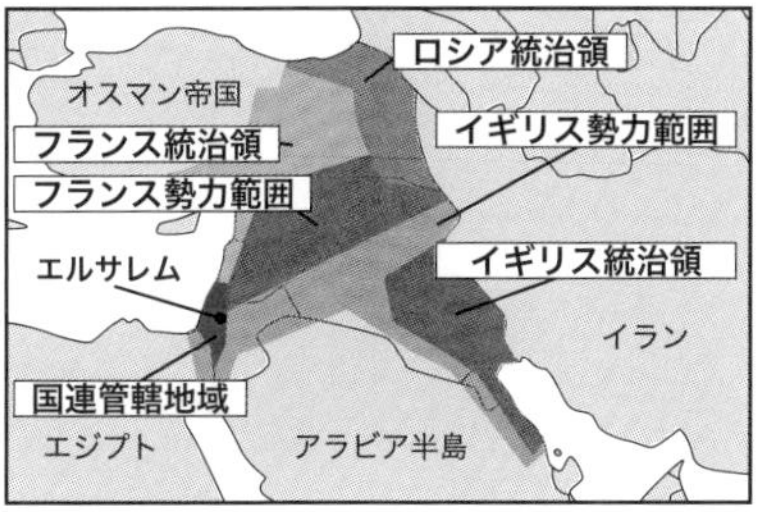
ロシア統治領
オスマン帝国
フランス統治領
イギリス勢力範囲
フランス勢力範囲
エルサレム
イギリス統治領
イラン
国連管轄地域
エジプト
アラビア半島

第1次大戦後、サイクス=ピコ協定にもとづいて、民族に関係なく国境線が引かれた。

ポイント解説

アラビアのロレンス

第１次大戦中、イギリス軍の情報将校として、オスマン帝国からの独立運動を支援したトーマス・エドワード・ロレンス。オックスフォード大学を出たあと、語学力を買われて中東に派遣され、アラブ反乱軍の指導者ファイサルと友好関係を結んだ。アラブ民族の独立運動を指導し「三枚舌外交」の一翼を担った。のちに「アラビアのロレンス」として映画化された。

16

パレスチナ人が故郷を追われた「ナクバ」

パレスチナ人の民族統一を困難にし、アイデンティティを破壊

「ナクバ」はアラビア語で「大厄災」「破局」を意味する。イスラエル建国と同時に発生したパレスチナ人の大量の難民化を指し、イスラエル・パレスチナ紛争において重要な意味を持つ出来事の1つだ。

1948年5月14日、イスラエルが建国されると、パレスチナ人と同胞のアラブ諸国が反発し、イスラエルとの間で第1次中東戦争が始まった。戦争に勝利したイスラエルによって、パレスチナ人（アラブ系住民）70万人以上が故郷を追われ、近隣のヨルダン、シリア、レバノン、ヨルダン川西岸、ガザ地区などに難民となって逃れた。その際、イスラエル軍によって破壊された村落は436に上り、約1万5000人のパレスチナ人が殺害され、数十億ドルの財産が失われたとされる。

ナクバによって人口構成も大きく変化した。それまでパレスチナの人口は、ユダヤ人が約60万人、パレスチナ人は約140万人と、パレスチナ人が多数派だった。しかしナクバ以降は逆転し、ユダヤ人が多数派となった。

イスラエルはナクバを「イスラエル建国戦争」の結果だと主張し、国家の安全を脅かすという理由から、パレスチナ人の帰還を拒否している。

これに対しパレスチナ側は、ナクバはイスラエルによる「民族浄化」だととらえ、イスラエル建国の翌日にあたる5月15日を「ナクバの日」と定めている。

ナクバはパレスチナ人を各地に分離させ、民族の統一を困難にした。さらにアイデンティティを破壊し、難民問題を恒久化させる原因となった。

解決しないパレスチナ難民

■パレスチナと近隣国のパレスチナ難民

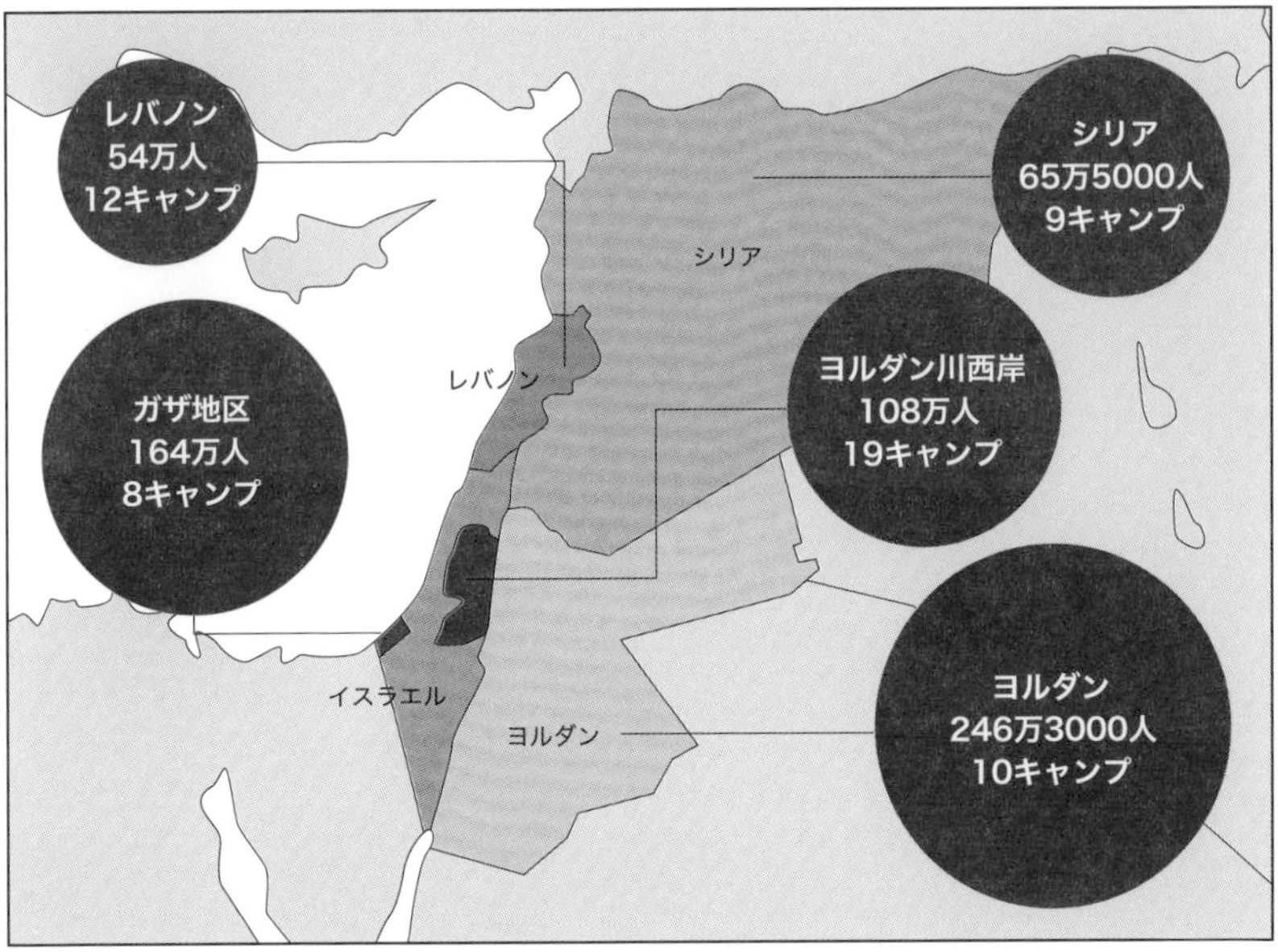

出典：UNRWA登録者数　2021年1月

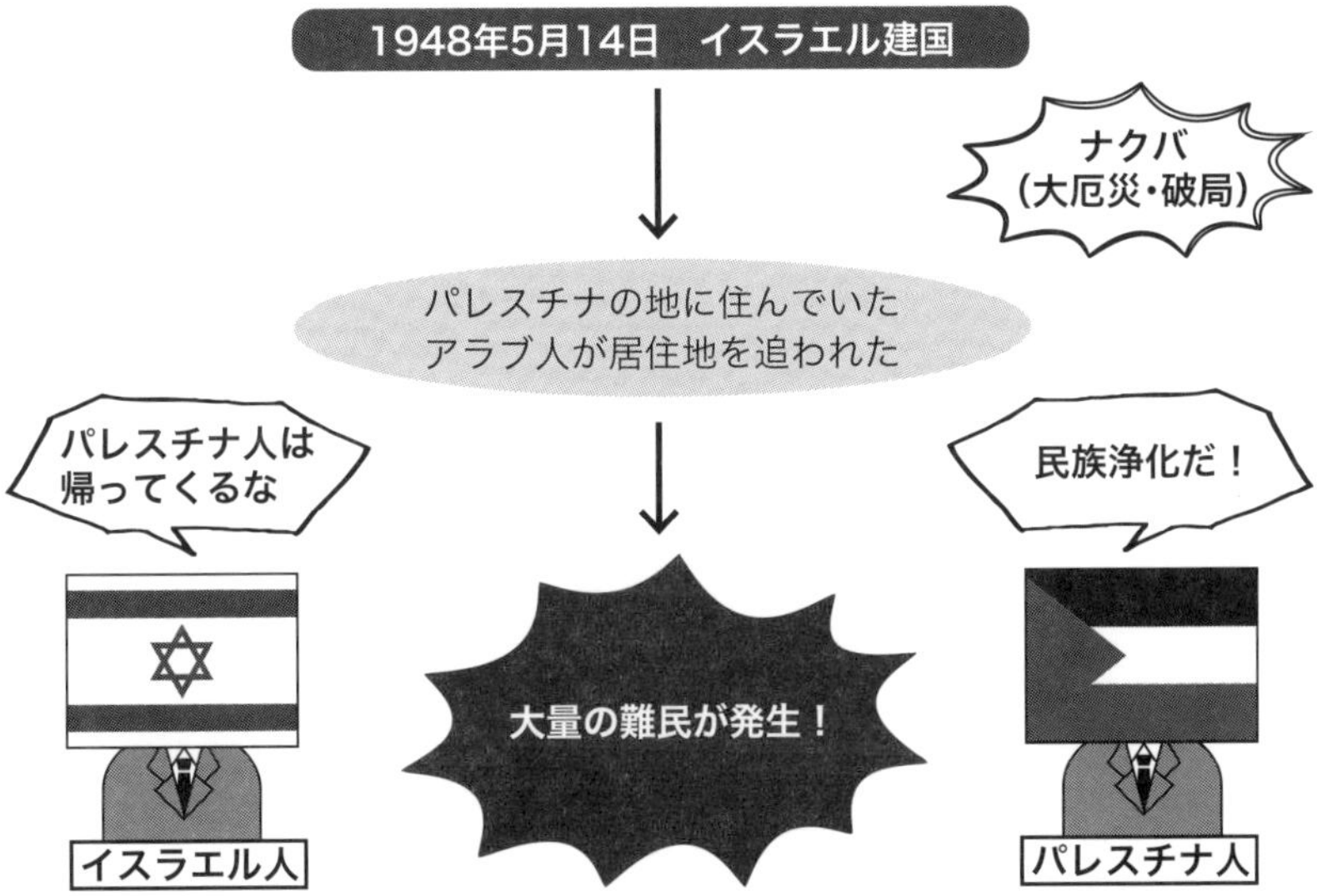

17

パレスチナ問題の「2つの悲劇」とは?

故郷を追われたユダヤ人とパレスチナ人の差別、迫害、離散

パレスチナ問題は、ユダヤ人、パレスチナ人の双方に同じ悲劇を生んだ。

ユダヤ人にとってはローマ帝国からパレスチナの地を追われ、2000年にわたって世界各地に離散する運命を背負わされた。ユダヤ人はヨーロッパやロシア、中東など各地で、虐殺や差別の迫害を受けた。「約束の地」に建国を果たすまでの過程は、民族の生存を懸けた闘争だった。ユダヤ人にとっては二度と安住の地を失いたくないという強い思いがある。自分たちの生存が脅かされないこと、生存を脅かすものに対しては、民族の力を結集して戦うことが絶対的な原則となった。

一方、パレスチナ人も、イスラエル建国によって故郷を追われ、離散させられた。

パレスチナ人は、ナクバや第3次中東戦争の結果、中東地域だけでなく、ヨーロッパやアメリカ、カナダ、南米、オーストラリアなどにも移り住んだ。パレスチナ中央統計局(PCBS)によると、パレスチナ人の全人口は約1500万人。そのうちヨルダン川西岸とガザ地区に548万人が住み、約1000万人が世界各地に分散している。

彼らはそこでコミュニティをつくり、歴史や文化を保持しながらパレスチナへの帰還を目指している。

ユダヤ人が異郷の地で迫害を受けながら、シナゴーグ(ユダヤ教会堂)を建て、宗教やアイデンティティを維持しつつ、シオニズム運動を展開した歴史と共通している。

イスラエルがガザ地区を「併合」すれば、パレスチナ人の離散はさらに拡大する。

ユダヤ人とパレスチナ人の悲劇

ユダヤ人

迫害の例は
まだまだあります

ヨーロッパで起きたユダヤ人迫害

392年
ローマ帝国のキリスト教国教化とユダヤ人の排斥。

1347～50年
ペストの流行とユダヤ人虐殺。

1500年頃
ドイツ、ポーランドなどでゲットーが設置。

パレスチナ人

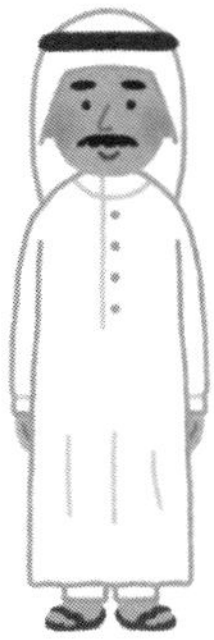

ユダヤ人は
加害者だ

1880年代
ロシア・東欧でのユダヤ人迫害。

1948年
イスラエル建国で故郷を追われる。

1967年
第3次中東戦争の勝利でイスラエルがパレスチナ人が住む場所とされていたヨルダン川西岸とガザ地区を占領。

ポイント解説

エルサレムを向くシナゴーグ

ユダヤ教徒が礼拝したり、聖書の朗読やトーラー（律法）の学習などを行ったりする場所。結婚式や葬儀なども行われる。ユダヤ教徒の信仰や文化を継承し、発展させる役割を果たす。トーラーを収める場所は、エルサレムにもっとも近い壁の中央にあり、シナゴーグの多くはエルサレムに向いている。イランにもシナゴーグがあり 2000 年にハタミ大統領が訪問した。

パレスチナの民に テロを煽るイラン

ユダヤ人とアラブ人はずっと憎しみあってきた。エルサレムは３つの宗教の聖地になっている。これがユダヤ教とイスラム教と軋轢《あつれき》を生む大きな要因になっている。

エルサレムを訪れると街の中央の丘の上に金ピカの「岩のドーム」が聳《そび》える。そこは紀元前10世紀に建てたソロモン王の宮殿跡で、1700年後の7世紀にそこをイスラムが取ってしまった。ユダヤ人に残されたのは神殿の丘の西の壁だけで、その哀れさから別名「嘆きの壁」と呼ばれている。

第２次大戦のあと、国連はパレスチナの地にユダヤ人のイスラエルの建国を認めた。アラブ人は「俺たちの取った地にユダヤ人の国をつくらせるな」と怒った。そして翌日にはアラブ諸国がイスラエルに攻め、中東戦争が始まった。しかし、ユダヤ人もアラブ人も同じセム族だ。最近ではお互いの憎しみ合いも薄れて来て、イスラエルとの和解を選ぶアラブの国々が増えていった。

ところがそれを認めない国があった。脇から「イスラエルは滅ぼさなければならない」と口をはさんできた。それがイランだ。イランには13世紀ごろに成立したアサシン（暗殺者）の伝統がある。イランはそれをパレスチナの民に教え込んだ。「殉教すれば天国に行ける。そこには72人の金髪女性が待っている」「遺族にはかなりの年金も支給される」、そう吹き込んで自爆テロをやらせた。

ペルシア人は、セム系でもなくイスラム教徒でもない。アラブとイスラエルのセム族の兄弟喧嘩《げんか》など知ったことではない。しかし、今のイラン・イスラム政府は、中東の覇権をめざしてジハード（聖戦）に金をつぎ込み、国費を乱費している。イランの国民が今の政権に愛想づかしをする理由がそこにある。

第3章

イスラエル建国からオスロ合意の崩壊

18

国連のパレスチナ分割決議とイスラエル建国

アラブ諸国のイスラエル不承認で第1次中東戦争が勃発

第2次世界大戦終結後の1947年11月29日、国連はパレスチナをユダヤ人とアラブ人の2つの国家に分割する総会決議（第181号Ⅱ）を賛成33、反対13、棄権10、欠席1で可決した。

決議ではエルサレムを特別な都市とすることや、両国家は経済同盟を結ぶことが含まれていた。これによって、国連はパレスチナのイギリス委任統治を終了し、紛争の解決を図ろうとした。

可決された決議はユダヤ人からは歓迎されたが、アラブ側は強く反発し、受け入れを拒否した。その理由は、パレスチナの人口の過半をアラブ人が占めていたにもかかわらず、分割案ではユダヤ国家の領域はパレスチナの約56％（約1万4000平方キロメートル）を占め、アラブ国家は約43％（約1万平方キロメートル）と狭かったからだ（エルサレムは国際管理地区）。加えて、ユダヤ国家は地理的に連続した土地だったのに対して、アラブ国家は土地が分断されていた。

48年5月12日、ユダヤ人代表者会議で初代首相に選出されたベングリオンは14日、テルアビブ美術館で「国連決議の効力に従い、イスラエル国として知られるユダヤ人国家の設立をここに宣言する」と建国を宣言。「我々は、すべての国家と友好関係を結び、平和と善隣の精神で共存する」と述べた。

独立宣言のわずか11分後には、トルーマン米大統領がイスラエルを国家として承認する大統領宣言に署名した。しかし、アラブ諸国はイスラエルを承認せず、決議採択直後の15日、アラブ諸国とイスラエルとの間で最初の中東戦争が勃発《ぼっぱつ》した。

アラブに不利だった国連の分割案

■1947年　国連の分割案

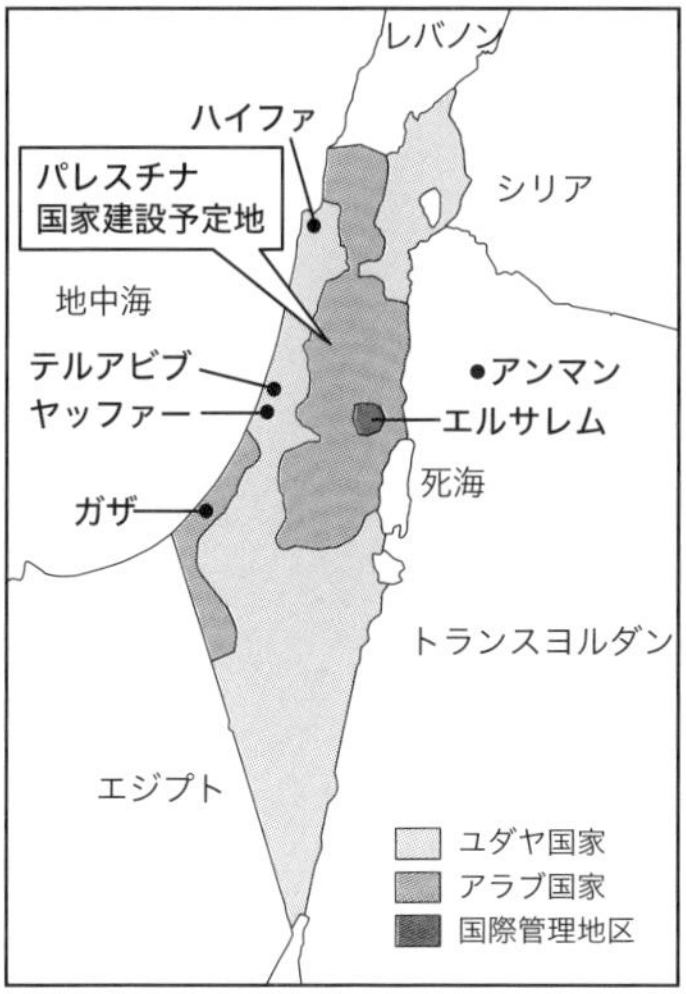

■イスラエル建国までの歴史

紀元前12世紀頃	ペリシテ人が現在のパレスチナ地域に進出
紀元前10世紀頃	ヘブライ人(のちのユダヤ人)が王国を建設
紀元前6世紀	王国が分裂。南部は新バビロニアに滅ぼされ、バビロンに捕囚。
2世紀後半	ユダヤ人の聖地追放、ディアスポラ本格化
19世紀末	シオニズム運動始まる
1917年	イギリスがバルフォア宣言でユダヤ国家建設を支持
1947年	国連がパレスチナ分割決議案(181号Ⅱ)採択
1948年5月14日	イスラエル建国宣言

ポイント解説

イスラエルと「特別な関係」を築いたトルーマン

第33代米大統領（在任1945年～53年）。ルーズベルト大統領の副大統領を務めた後、大統領死去に伴い大統領に就任。イスラエル建国の際に世界に先駆けて承認し、大きな影響を与えた。彼自身ユダヤ人ではなかったが親イスラエル政策を推進し、アメリカ・イスラエルの「特別な関係」の礎を築いた。両者の関係を公式に「特別な関係」と呼んだのはケネディ大統領である。

19

第1次中東戦争でイスラエルが領土拡大

現在も続くイスラエルとパレスチナの国境線が国際的に認知

1948年5月15日、レバノン、シリア、トランスヨルダン（現ヨルダン）、イラク、エジプトのアラブ連盟5カ国はイスラエルに対し戦争を宣言し、パレスチナに侵攻した。第1次中東戦争の始まりである。

勃発《ぼっぱつ》当初はアラブ諸国側が有利だったが、7月から8月にかけてイスラエルが反撃を開始し、形勢が逆転。49年にアラブ各国が相次いで停戦協定を結び、イスラエルの事実上の勝利に終わった。

その結果、イスラエルは国連決議をはるかに上回る領土を獲得した。一方、エジプト軍が押さえていたガザ地区はエジプト領となり、ヨルダン軍が押さえていたエルサレム旧市街を含むヨルダン川西岸は、トランスヨルダン領となった。

このときに引かれた国境線（停戦ライン）がグリーンラインと呼ばれ、現在もイスラエルとパレスチナとの境界線として国際的に認知されている。

イスラエルが勝利した背景には、イスラエル軍の奇襲やゲリラ戦のほか、アメリカによる武器や資金の支援によって軍事力が強化されたことが挙げられる。対するアラブ側は、地域の覇権をめぐる思惑から足並みが乱れ、統一した戦略を立てることができなかった。

「アラブは1つ」という大義がある一方で、中東戦争は必ずしもアラブが一致団結してイスラエルと立ち向かうといった構図ではなかった。

この戦争で70万人以上のパレスチナ人が故郷を追われて難民となった。国連は彼らが安全に帰還する権利を認める決議（第194号）を48年に採択したが、イスラエルは拒否し続けている。

イスラエルが勝利した第1次中東戦争

■1948～1949年　第1次中東戦争の交戦図

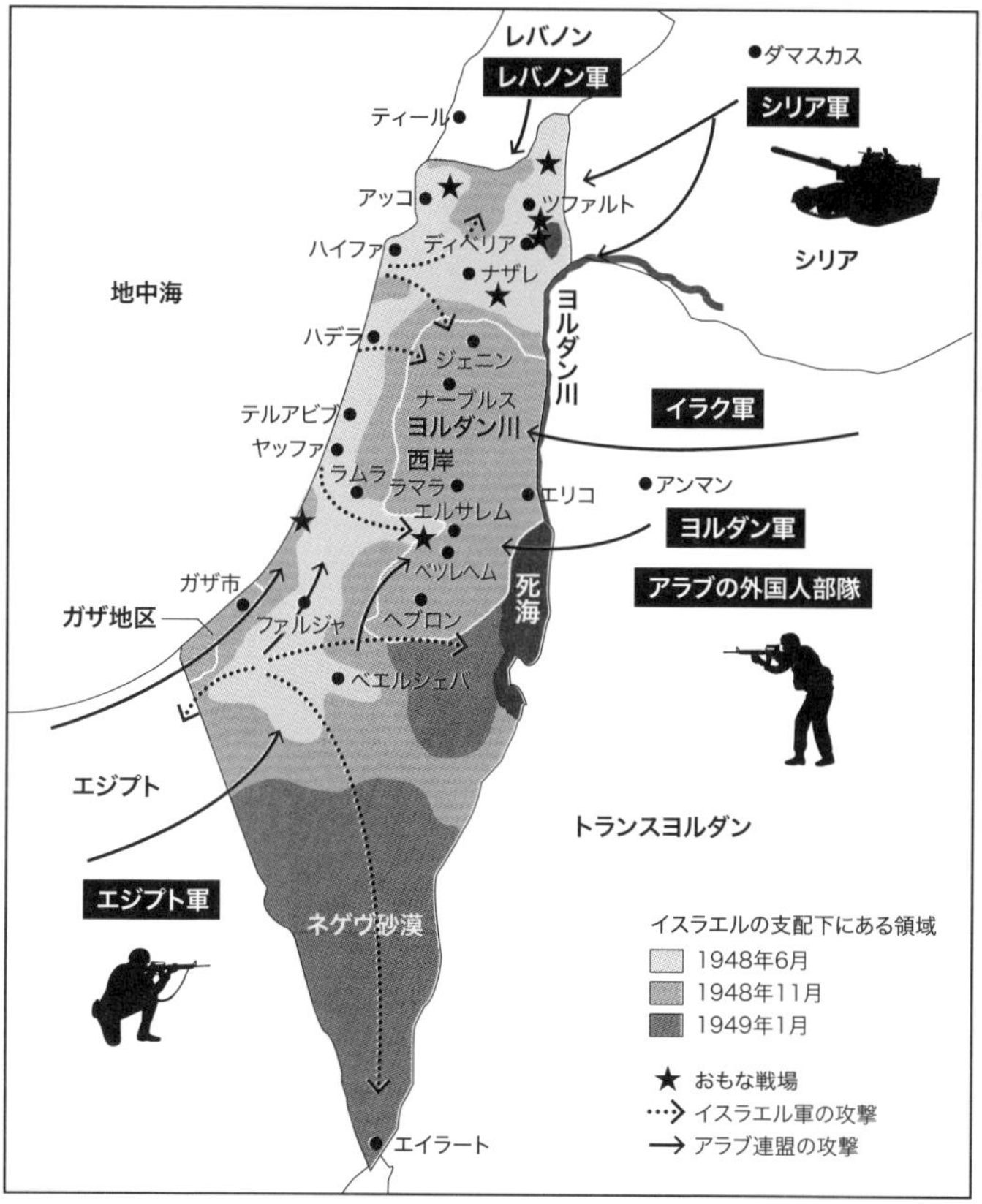

出典:『地図で見るイスラエルハンドブック』　フレデリック・アンセル 著、原書房 刊

ポイント解説　「独眼の将軍」ダヤン

中東戦争で卓抜な手腕を発揮したイスラエルの軍人・政治家。第2次世界大戦で片目を失い「独眼の将軍」と呼ばれた。エルサレム防衛司令官として第1次中東戦争、イスラエル軍参謀長として第2次中東戦争のシナイ半島作戦を指揮。その後、政治家となり第3次中東戦争では国防相として電撃作戦を実施したが、第4次中東戦争では作戦の準備不足を批判されて辞任した。

20

地政学的なバランスを変えた第3次中東戦争

イスラエルの圧倒的勝利。米・ソの中東介入の契機となった

イスラエルがエジプトのシナイ半島に侵攻した1956年の第2次中東戦争に続き、67年にイスラエルが奇襲攻撃を仕掛け、「6日間戦争」と呼ばれる第3次中東戦争が発生した。

戦争勃発《ぼっぱつ》前、非武装地帯のゴラン高原にイスラエルが入植活動を始め、シリアとイスラエルとの間で衝突が頻繁に発生した。シリアからの支援要請を受けたエジプトは兵をシナイ半島に集め、国連緊急軍を撤退させた。さらにイスラエルの貿易の生命線と言えるアカバ湾を閉鎖し、緊迫した情勢となった。

危機感を強めたイスラエル空軍は6月5日、エジプトの空軍基地を奇襲し、壊滅的打撃を与えたのに続き、シリアやヨルダンにも奇襲攻撃を仕掛けた。その結果、イスラエルはヨルダン川西岸、ガザ地区のほか、ゴラン高原（シリア領）、シナイ半島（エジプト領）を一気に占領した。また聖地のある東エルサレム（ヨルダン領）を併合した。

イスラエルの圧倒的な勝利はアラブ側に大きな屈辱を与えるとともに、中東地域の地政学的なバランスを大きく変えた。また、アメリカ、旧ソ連が介入し、両国が中東で影響力争いを展開する契機になった。

戦争終結後、国連安保理は決議242号を採択し、イスラエルが占領したアラブの領土を返還すると同時に、アラブ側はイスラエルの生存を認めることを要請した。「領土と和平の交換」である。

これに応じたエジプトは79年、イスラエルと平和条約に調印し、その見返りにシナイ半島を取り戻した。

イスラエルが勝利した第3次中東戦争

■1967年（6月5日～10日）　第3次中東戦争の交戦図

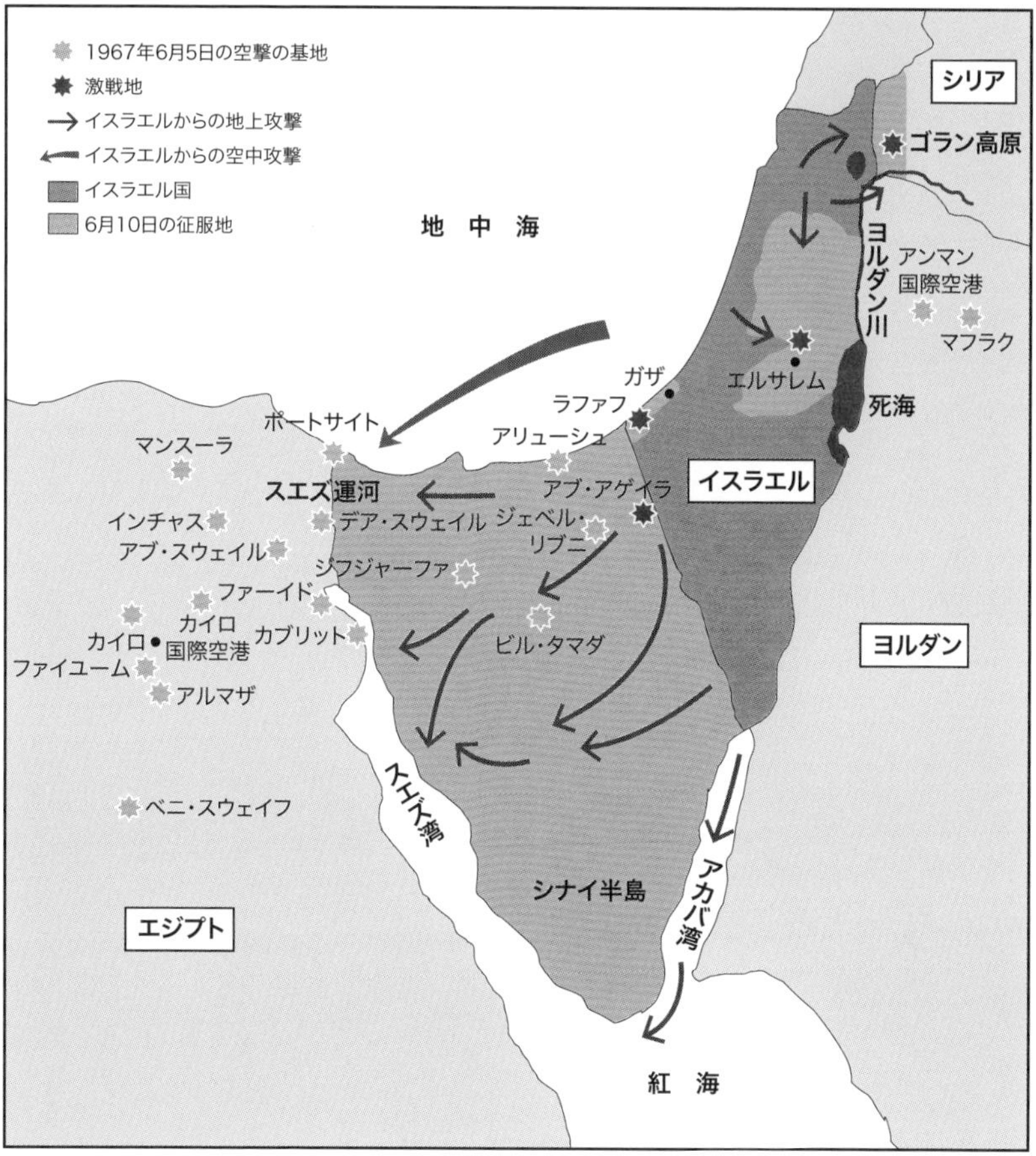

出典:『地図で見るイスラエルハンドブック』　フレデリック・アンセル 著、原書房 刊

イスラエル軍がアラブ諸国を奇襲攻撃
イスラエルはシナイ半島を占領
➡ **イスラエルの軍事大国化**

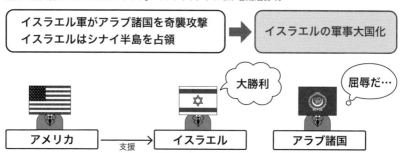

21

加速するイスラエルの「ユダヤ人入植活動」

ヨルダン川西岸と東エルサレムで１００万人の入植を目指す

第3次中東戦争の後、イスラエルは「国家の安全」を理由に、占領地での入植活動を加速させた。その結果、東エルサレムに約20万人、ヨルダン川西岸には約50万人のユダヤ人が居住した。

イスラエルは国家主導でインフラを整備し、居住手当を支給して入植を促している。占領地を固定化、恒久化することにより、新たなイスラエルの土地を広げる狙《ねら》いからだ。これまでアラブ側に一方的に戦争を仕掛けられてきた「被害者」だったイスラエルが、「加害者」となった。

入植の目的は、それぞれの占領地によって事情が異なっている。安全保障の強化を主な理由とするのが、シリアと対峙《たいじ》するゴラン高原や、シナイ半島、ガザ地区だ。敵国との間に緩衝地帯を設置するために入植が進められた。しかし、エジプトと和平条約が締結されると、イスラエル軍はシナイ半島からの撤退（１９８２年）に続き、ガザ地区からも撤退（２００５年）し、入植地も撤去された。隣国からの脅威がなくなり、安全が確保されたと判断したためだ。

しかし、ヨルダン川西岸は聖書に記されたユダヤ民族の故地で、その地を支配することは「ユダヤ人の運命の成就」だとしている。従って、歴史的、宗教的に特別な意味を持つ土地からの撤収には断じて応じない構えだ。

国際社会はイスラエルによる入植活動を、占領地への民間人の移動を禁ずるジュネーブ条約違反だと非難している。しかしイスラエルは、25年までにヨルダン川西岸と東エルサレムで１００万人の入植を目指している。

増え続けるユダヤ人入植地

■東エルサレムのユダヤ人入植地

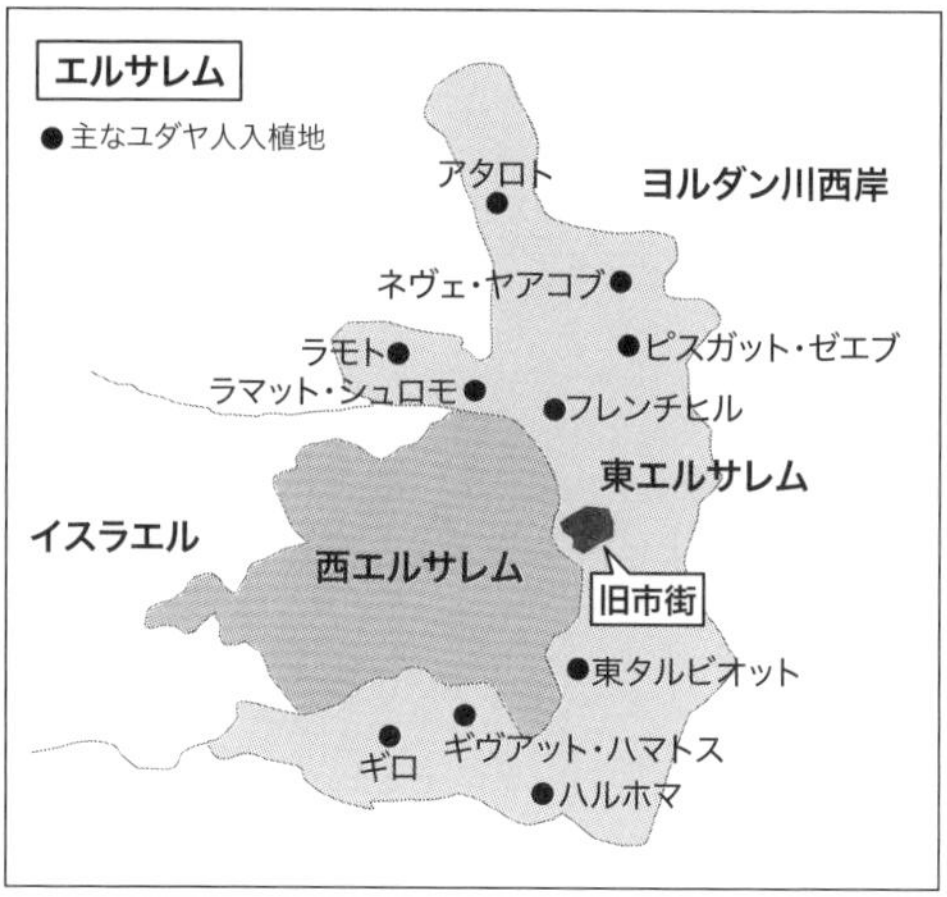

■ヨルダン川西岸のユダヤ人入植地

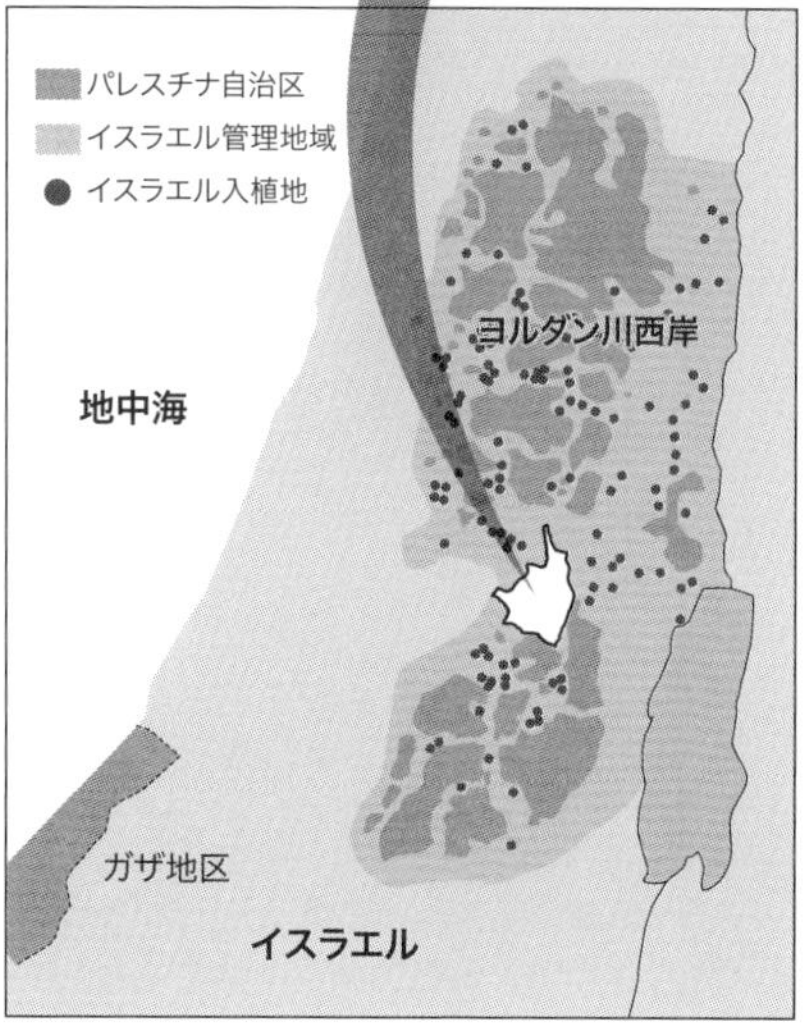

出典：2018年　イスラエル人権団体ベツェレムの資料より

■データ

ヨルダン川西岸（東エルサレムを含む）

面　積　5660㎢（愛媛県とほぼ同じ）

総人口　約380万人

パレスチナ人　約309万人（81.2%）

ユダヤ人入植者　約71万人（18.8%）

（2020年）

ユダヤ人入植地数　250以上

22

アラファトとＰＬＯが行った武装闘争

ヨルダン、レバノンに活動拠点を置き、パレスチナ解放を主導

第3次中東戦争でイスラエルに敗れた結果、パレスチナ人の間では故郷奪還は自らの力によるしかないという民族意識が高まった。そこに登場したのが武装闘争を指揮するアラファトだった。

1929年、エルサレムで生まれ（※本人の主張による）、第1次中東戦争勃発《ぼっぱつ》後、一家でカイロに移り住んだ。カイロ大学に進み、パレスチナ解放運動に携わる。

アラブでは第3次中東戦争による敗北で、実力者だったエジプトのナセル大統領の求心力が失墜していた。そうした中、カラメの戦いでイスラエルとの戦闘に勝ち抜いたアラファトに注目が集まった。69年、アラファトはパレスチナ解放機構（ＰＬＯ）の議長に就任した。

ＰＬＯは64年に設立されたパレスチナ解放運動の統一組織である。その主流派となったのがアラファトの創設したファタハだ。

活動拠点をヨルダンに置き、イスラエルへの越境攻撃を繰り返した。一方、イスラエル軍もヨルダン領内に反撃するが、ヨルダン国内では治安状況の悪化とともに強大化するＰＬＯへの反発が高まり、ヨルダン軍との内戦に発展した。

ヨルダンから追放されたＰＬＯはレバノンに拠点を移した。しかし、ここでもキリスト教徒との内戦やイスラエルによる侵攻を受け、チュニジアに逃れた。

この間、ＰＬＯは各地で数々のテロ事件を起こした。これらはパレスチナ問題の解決を世界にアピールしたが、ＰＬＯに対する国際社会の支持を失わせる原因となった。

現実路線へと転換したＰＬＯ

ヤーセル・アラファト(1929～2004年)
1969年、パレスチナ解放機構(PLO)議長に就任。1970～1990年代、PLOを率い、対イスラエル闘争と独立運動を指導した。1993年、イスラエルと暫定和平(オスロ合意)を実現。1996年、パレスチナ自治政府初代大統領に就任。

写真:ロイター／アフロ

■PLO（パレスチナ解放機構)の歴史

年	出来事
1964年	アラブ連盟の決定によって設立。
1970年	ヨルダン内戦で追われ,本部をレバノンのベイルートに移動。
1974年	アラブ首脳会議でパレスチナ人の唯一の正統代表としての地位を認められる。国連総会もオブザーバーとして承認。最高指導者はアラファト民族評議会議長(2004年没)。本部はヨルダンのアンマン。
1982年	レバノン内戦,レバノン戦争に巻き込まれ、チェニジアの首都チュニスに本部を移す。
1988年	パレスチナ国家の独立を宣言。イスラエルと相互承認して武装闘争を放棄。
2005年	アラファトの後任、アッバスがパレスチナ自治政府議長選挙で圧勝。

■ PLO の機構図

- 中央評議会
- パレスチナ民族評議会
- PLO 執行委員会（最高意思決定機関）
  - 軍事局
  - パレスチナ民族基金財務局
  - 被占領地担当局
  - 広報文化局―パレスチナ通信社(WAFA)
  - 国民組織局
  - 教育局
  - 政治局―PLO在外事務所

ポイント解説

伝説となったカラメの戦い

1968年、イスラエルとPLO・ヨルダン軍の連合軍との間で起きた戦い。地雷に触れ犠牲になった子どもたちの報復として、イスラエル軍はヨルダンの国境の町カラメに本部を置くPLOの基地を攻撃した。パレスチナ側は撃退し、イスラエルが拘束を目指したアラファトは生き延びた。この戦いはゲリラ闘争の伝説となり、パレスチナ人の士気と精神を高揚させた。

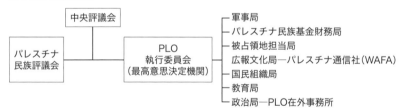

23

パレスチナ人の抵抗活動「インティファーダ」

ハマス誕生の契機となった非武装の抵抗運動

パレスチナ・ゲリラは1950年代後半以降、次々に結成され、60年代には20以上の組織が生まれたとされる。それぞれがゲリラ活動を独自に行っていたが、1つの組織に集約されてPLOが誕生した。しかし、それ以後も路線対立などで内部分裂を繰り返した。

ゲリラ組織には最大派閥ファタハのほかに、パレスチナ解放人民戦線（PFLP）、パレスチナ解放民主戦線（DFLP）、パレスチナ解放人民戦線総司令部派（PFLP－GC）などがある。

とくにPFLPは60年代から70年代にかけて多くの航空機ハイジャック事件を引き起こした。72年には日本赤軍のメンバーが共闘したロッド国際空港（現ベン・グリオン国際空港）での銃乱射事件、パレスチナ過激派組織「黒い九月」によるミュンヘン・オリンピック村襲撃事件などが相次ぎ、凶悪なテロに対して世界中から非難が高まった。

アラファトは88年、ジュネーブでの国連特別総会で演説し「テロの放棄」を宣言、穏健路線を打ち出した。

こうした中で、新たに生まれた抵抗活動が「インティファーダ（一斉蜂起《いっせいほうき》）」だ。87年、イスラエル軍の戦車輸送トラックがパレスチナ人の労働者を乗せたワゴン車と衝突し4人が死亡。たちまちパレスチナ人の大規模暴動につながった（第1次インティファーダ）。非武装のパレスチナ人たちは投石やタイヤを燃やしてイスラエルに抗議した。そのときに「ハマス」が発足した。

インティファーダは以後、パレスチナ人の闘争方法として定着する。

PLOの穏健路線から生まれたインティファーダ

1987年、イスラエル兵に投石するパレスチナの民衆

写真：AP／アフロ

1987年、インティファーダが起きる（民衆の一斉蜂起）
↓
1988年、アラファト議長「テロの放棄」を宣言
↓
ハマス誕生

■ PLO 内の武装各派

主流派

ファタハ（議長 初代ヤーセル・アラファト、2代マフムード・アッバス）
PLF（パレスチナ解放戦線）
ALF（アラブ解放戦線）

反主流派

ファタハ反乱派
PFLP－GC（パレスチナ解放人民戦線・総司令部派 議長 アハマド・ジブリール）
PPSF（パレスチナ人民闘争戦線）

非主流派

PFLP（パレスチナ解放人民戦線、議長 アフマド・サアダート）

1972年
テルアビブ・ロッド空港銃乱射事件 ⟸ 日本赤軍が共闘
ミュンヘン・オリンピック村襲撃事件

国際的な非難

DFLP（パレスチナ解放民主戦線、議長ナイエフ・ハワトメ）
PPP（パレスチナ人民党）
サイカ

ポイント解説　アラファトのオリーブの国連演説

アラファトは 1974 年、ニューヨークの国連総会でオリーブの枝と銃を手に持って演説した。「私はこの場所に平和の象徴であるオリーブと、闘争の象徴である拳銃を持ってきた。どうか私の手からオリーブを落とさせないでほしい」と述べ、パレスチナ問題に対する理解を世界に訴えた。オリーブは平和、銃は戦争を象徴しており、国際社会にどちらを選択するかを問いかけた。

24

歴史的な「オスロ合意」、その背景とは？

冷戦崩壊による和平への期待とアラファトPLO議長の路線転換

オスロ合意とは、イスラエルとPLOとの間で達成された「パレスチナ暫定《ざんてい》自治宣言」だ。ノルウェーの首都オスロでの協議を経て、1993年、米ワシントンのホワイトハウスで署名された。イスラエルはラビン首相とペレス外相、パレスチナ解放機構（PLO）のアラファト議長はノーベル平和賞を受賞した。

合意では、パレスチナ国家とイスラエルの「2国家共存」を目指して、イスラエルはガザ地区、ヨルダン川西岸から撤退し、パレスチナ側に5年間の暫定自治を認めることが盛り込まれた。

合意の背景には、冷戦崩壊による和平への期待と、アラファトの和平路線への転換がある。

冷戦は、アメリカを後ろ盾とするイスラエルと、旧ソ連を後ろ盾とするPLOの対立構造を固定化させた。しかし冷戦が崩壊すると両国の影響力が相対的に減少した。新たな地域秩序の再構築が求められるようになり、双方の歩み寄りを生んだ。

さらに91年の湾岸戦争もアラファトを和平路線に転換させるきっかけとなった。イラクのフセイン大統領は戦争の原因となったクウェート侵攻をパレスチナ問題とリンクさせ、イスラエルによるパレスチナ占領を非難。アラファトはフセイン支持を表明したために、反発した湾岸諸国はPLOへの資金供与を停止した。「力の源泉」だった資金源を失ったアラファトは窮地に立たされた。

湾岸戦争後、アメリカが主導して中東和平に向けたプロセスが開始された。91年にマドリードでイスラエル、PLOが参加した中東和平会議が開催され、オスロ合意につながった。

イスラエルとパレスチナの歩み寄り

■ 2国家共存を目指したオスロ合意

1993年9月13日、米ホワイトハウスで和平協定調印の後、握手を交わすイスラエルのラビン首相とパレスチナのアラファト議長。中央は仲介役を務めたクリントン米大統領。

写真：AP／アフロ

■ 1993年　オスロ合意のポイント

1	イスラエルを国家として、PLOをパレスチナの自治政府として相互に承認する。
2	イスラエルが占領した地域から暫定的に撤退し、5年にわたって自治政府による自治を認める。その5年の間に今後の詳細を決める。

→ パレスチナ暫定自治政府の樹立
ガザ地区、ヨルダン川西岸で自治が始まる

■オスロ合意の背景

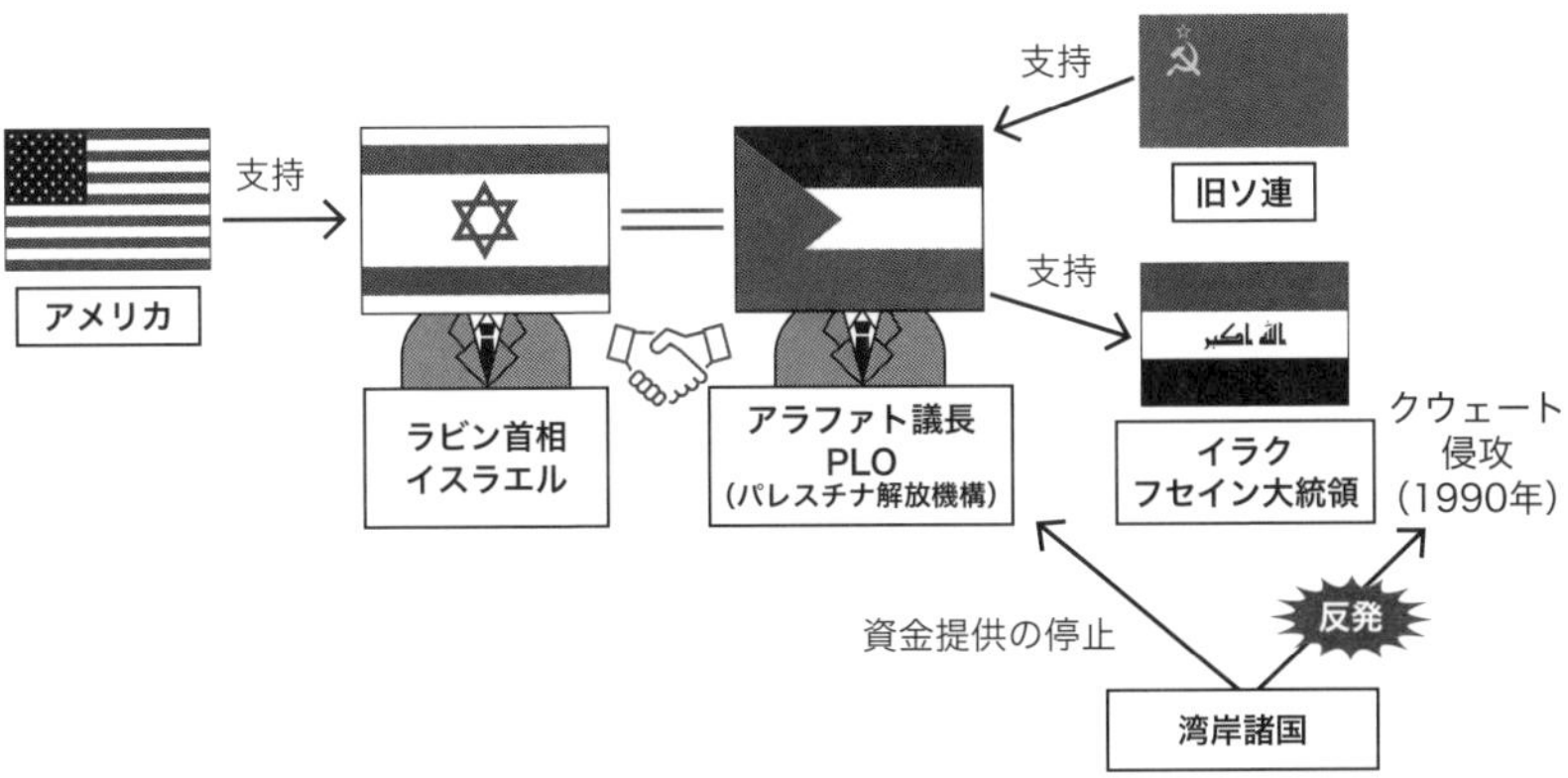

25

なぜ「オスロ合意」は崩れ去ったのか

イスラム教徒の怒りを誘発したシャロン首相の挑発行為

オスロ合意が締結された後、パレスチナ自治政府が設立され、イスラエル軍はガザ地区とヨルダン川西岸の一部から撤退した。アラファトは拠点のあったチュニジアからガザに帰還し、自治政府の大統領に選出された。

しかし、自治政府の内部では、アラファトとハマスとの対立が深刻化した。武闘路線を維持するハマスやイスラム聖戦は、オスロ合意をイスラエルとの妥協だと指導部を非難した。

イスラエルも入植地拡大をやめなかった。オスロ合意は難民の帰還権やユダヤ人入植地の地位などについては触れておらず、境界線画定などの問題は、その後の交渉に持ち越されていた。こうした動きにパレスチナ側は反発した。

悲劇も起きた。1995年、イスラエルのラビン首相が合意に反対するイスラエルの宗教系の大学生によって射殺され、合意を推進する力が失われた。

合意の破綻《はたん》を決定づけたのが、イスラエルの対パレスチナ強硬派リクードのシャロン党首（のち首相）による挑発行為だ。2000年にイスラム教の聖地、岩のドームとアル＝アクサー・モスクのある「神殿の丘」への訪問を強行。イスラム教徒は激しい怒りを募らせた。第2次インティファーダの始まりである。これに対しイスラエルは自治政府の建物を攻撃し、事態は収拾できない状況となった。

和平プロセスを主導したアメリカも01年の9・11同時多発テロによって、イスラム過激派によるテロとの戦いに突入し、オスロ合意は瓦解《がかい》した。

再び始まったイスラエルvsパレスチナの対立

■瓦解したオスロ合意のいきさつ

直接のきっかけ

2000年
シャロン首相（当時、野党指導者）の
神殿の丘への強行訪問

→

第2次
インティファーダ
の始まり

背景

許せない！

アラファト議長とハマスの対立

イスラエルの自治区内での入植拡大

ラビン首相の暗殺（1995年）

2000年9月28日、神殿の丘を訪れるアリエル・シャロン。警備員がパレスチナ人が投げた石から守る。

写真：ロイター／アフロ

神殿の丘とは？

エルサレム旧市街にあるユダヤ教、キリスト教、イスラム教の聖地。イスラム教では「高貴な聖域」。現在、神殿の丘には、かってのユダヤ人の神殿ではなく、イスラム教の聖地である岩のドームとアル＝アクサー・モスクが建っている。ヨルダンとの現状維持合意により、ユダヤ人は訪問のみで、この場所で祈ることは許されていない。シャロン首相以来、ユダヤ教右派による宗教行為は、パレスチナ人をはじめ、近隣アラブ諸国から、一斉に反発が出ている。

26

なぜ自治政府に代わりハマスが台頭したのか

深刻な腐敗で民衆に見放されたパレスチナ自治政府

イスラエルに対する第2次インティファーダは2000年から05年にわたって続いた。その間、ファタハ率いるパレスチナ自治政府は民衆の支持を失い、ハマスが台頭し始めた。

イスラム主義を掲げるハマスは、宗教的なメッセージを広め、医療や福祉活動を通じた生活改善に努めた。また、パレスチナの独立と自決権を強調し、イスラエルへの対決姿勢を示し、人々から「抵抗の象徴」と受け止められた。06年、パレスチナの議会選挙が実施されると、ハマスは過半数を得て勝利し、ガザ地区の支配権を掌握した。

パレスチナ自治政府が民衆から見放された理由の1つは、政府内の深刻な腐敗にある。国際社会からの援助金の流用や、公共事業の不正な発注などに加え、政治家や政府職員たちの汚職が横行し、自治政府の行政機能が麻痺《まひ》した。また、長年にわたってパレスチナを率いて来たアラファトに権力が集中し、独裁者としての振る舞いに非難が集まった。アラファトが死去したときには、40億ドル以上の隠し財産があったとされる。

自治政府に対する不満は今も解消していない。パレスチナ政策調査研究センターが行ったヨルダン川西岸とガザ地区での調査（23年6月）によると、自治政府に汚職があると答えた人は84％、自治政府を負担に感じると答えた人は63％、自治政府を率いるアッバス大統領に対する満足度はわずか17％でしかない。

ハマスとファタハはその後、和解合意を発表し、選挙実施の見通しも生まれたが進展せず、対立は続いている。

ガザ地区を実効支配したハマス

■ハマスとイスラエルの対立構図

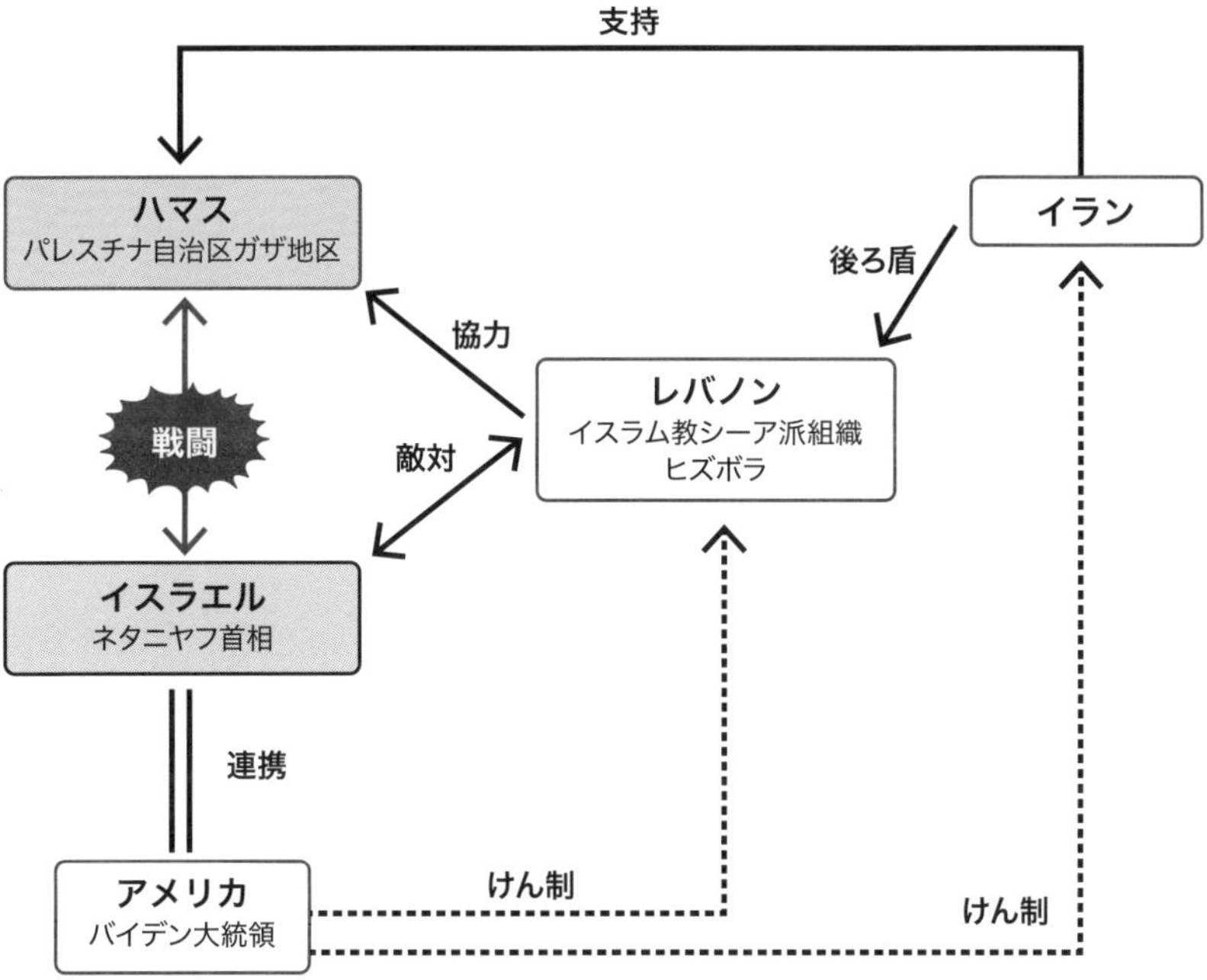

■パレスチナ人に聞いた最新の世論調査

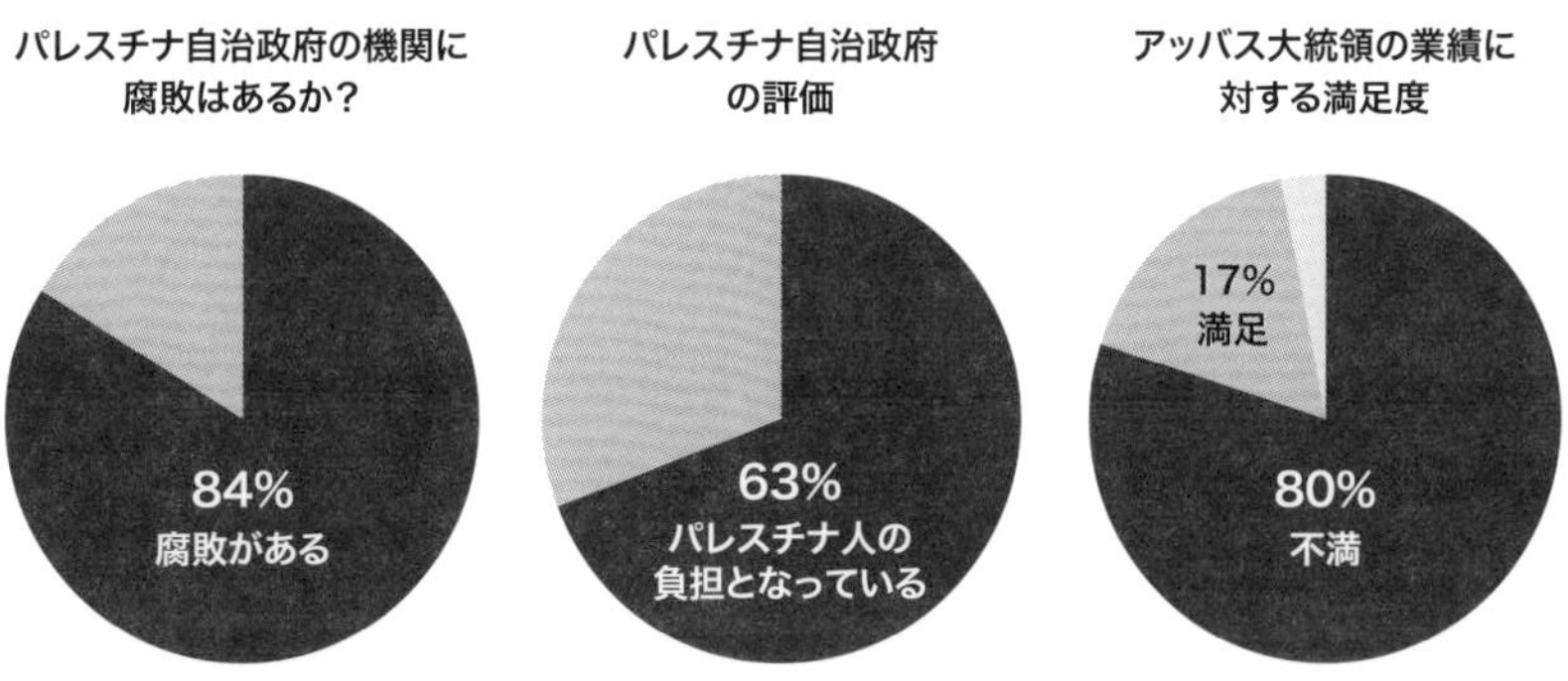

2023年6月　パレスチナ政策調査研究センターの調査より

髙山正之の中東巻論　3

宗教の狂信性に頼るイランは時代錯誤だ

国際政治で各国がさまざまな駆け引きをするのは、それぞれの国がそれぞれに歴史的な背景があるからだ。たとえばイランは最終的にはかつてのペルシア王国を再建しようと考えている。イランもかつてはササン朝やアケメネス朝など、あの辺り一帯を取り仕切る大帝国を築いていた。しかし、それをアラブ人に倒された。それまで民族意識も団結も知らなかった部族社会がイスラム教によって一致団結し、強力な組織に成り上がっていることに気づかなかった。その結果、さしものペルシア帝国も一敗地にまみれた。

ペルシア人のすごいところは、そうやって覇権を奪われながらも、アラブ人がつくるイスラム王朝に仕え、優れた実務能力を発揮して、王朝の首相や行政のトップをこなして、民族解体や滅亡を防ぎ、いつの日か中東の支配権を取り戻す機会を窺《うかが》ってきた。世界的な帝国をつくり上げたペルシア人は違う。あらゆる分野に精通し、その業績が西洋にも影響を及ぼしたイブン・シーナのような学者が出たのは偶然ではない。私があちこち取材して歩いた経験でも、ペルシア人がただものではない証拠をいくつも見た。

しかし、ホメイニ師とその部下の坊主たちは、本来あるべきペルシア人による帝国再建ではなく、イスラムによって中東を束ね、中東の覇者になろうとしている。イスラムと一線を画するペルシア人にとってそんな手段は姑息《こそく》にしか見えない。イスラムとは肌が合わないとペルシア市民は思っている。

今も続くイスラム宗教政権に対する市民の抵抗はホメイニ師が君臨して以来、最大級の反抗だ。宗教の狂信性に頼る政権というのは時代錯誤も甚だしい。早くまともになってほしい。中東もそれで安定してくるはずである。

第4章

対立の根源――民族・宗教を読み解く

27

アラブ人もユダヤ人も同じセム族

中東の歴史を複雑にしている多様な宗教や民族

中東にはさまざまな民族が併存する。3大民族のアラブ人、ペルシア人、トルコ人のほかにも、ユダヤ人、クルド人、アルメニア人などが暮らす。

中でもアラブ人は最大の民族で、イスラム教を信仰し、アラビア語を母語とする。西はモロッコから北はシリア、イラク、南はアラビア半島など広範な地域に分布している。

アラブ人の源流は砂漠地帯に暮らす遊牧民（ベドウィン）にある。ベドウィンは血族や部族を重視し、家父長制社会であるため、アラブ社会も集団の結束が重視される。神（アッラー）は絶対的な存在であり、神以外の存在は信じられない。

パレスチナ人はパレスチナ地方に居住するアラブ人だ。しかし、イスラエル建国によって故郷を追放され、難民となったために彼ら独自のアイデンティティを形成した。アラブ人でありながらも、異なった歴史や経験を持った民族だ。

ユダヤ人は中東で最も古い民族の1つである。古代イスラエルの地に起源を持ち、ユダヤ教を信仰し、ヘブライ語を母語とする。

アラブ人とユダヤ人は激しく対立しているが、実は同じセム族に属している。セム族とはセム系の言語を使用する人々の総称で、中東、西アジア、北アフリカに分布する。

セム族の言語や宗教はさまざまで、アラビア語やヘブライ語を話す人や、ユダヤ教、キリスト教、イスラム教などに分かれる。

セム族の起源については諸説あるが、多様な宗教や民族が入り混じっていることが、中東の歴史を複雑にしている。

アラブ国家とユダヤ人の世界人口

■アラブ連盟に加盟している国

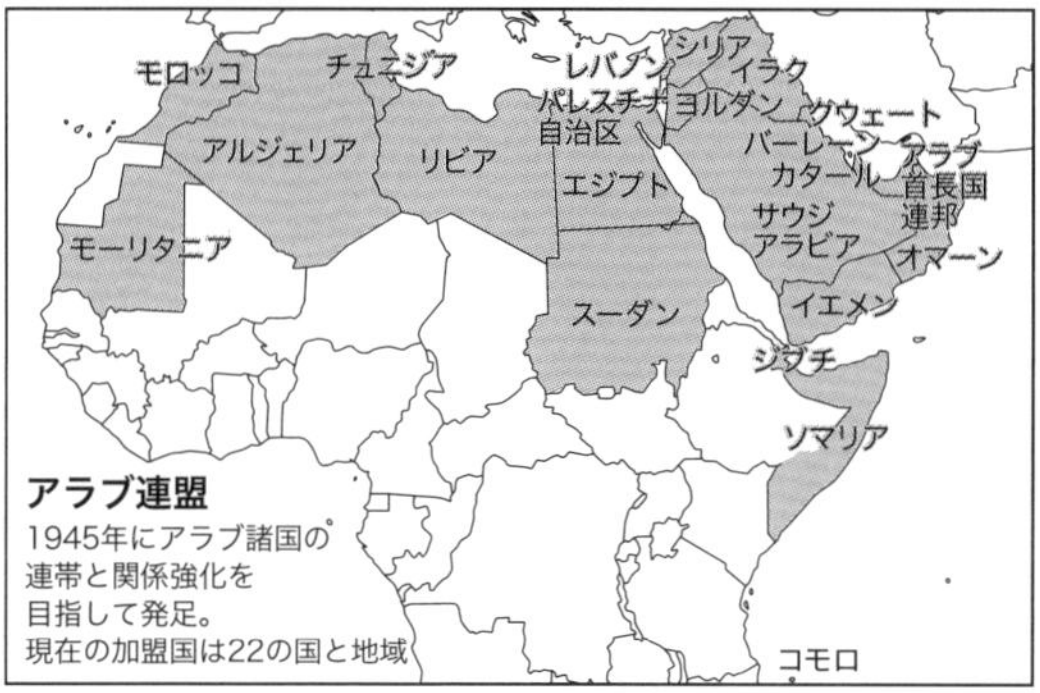

アラブ人とは？

アラビア半島に住んでいた遊牧民がルーツ。アラビア語を使い、大半はイスラム教徒。

■ユダヤ人人口　国別トップ10

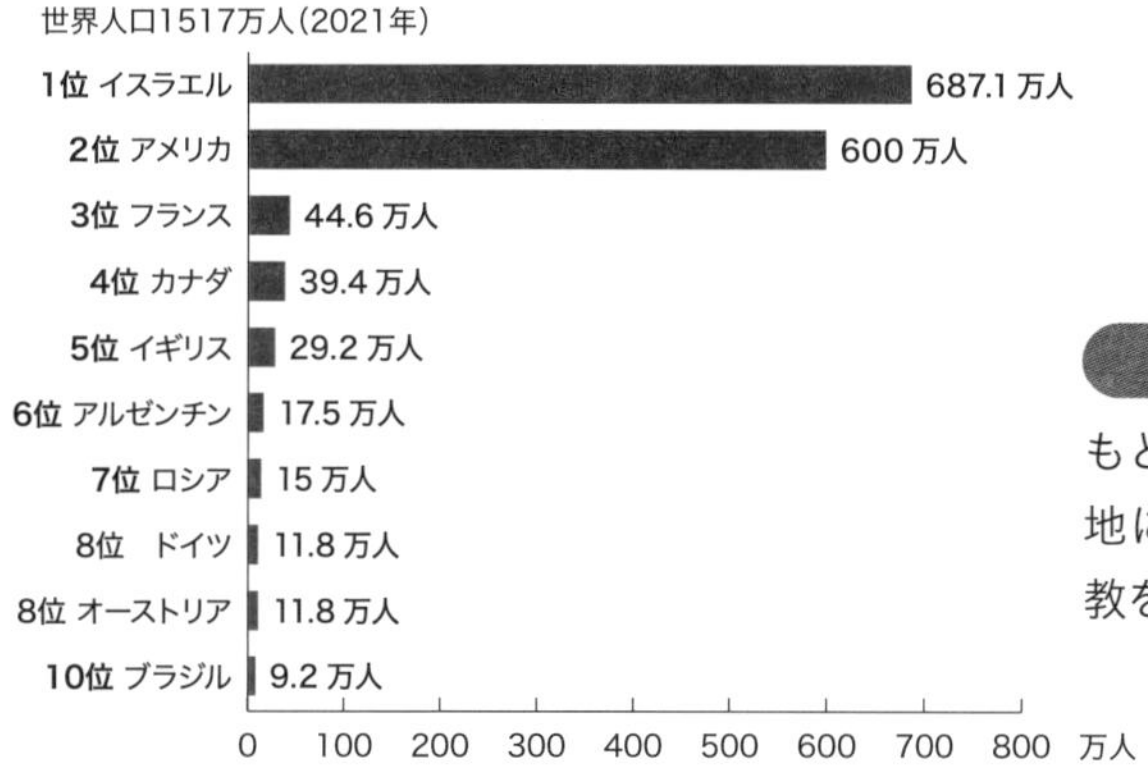

出典：Sergio DellaPergola. “World Jewish Populatoin,2021,” in Arnold Dashefsky and Ira M.Sheskin.(Editors) The American Jewish Year Book,2021

ユダヤ人とは？

もともとはパレスチナの地に住んでいた。ユダヤ教を信仰する民族。

ポイント解説

「砂漠の民」ベドウィン

中東から北アフリカにかけて、ラクダやヒツジなどを飼育しながら移動生活をする人々。ベドウィンは「町ではないところに住む人」を意味する。コーランに出てくる「アラブ」はベドウィンをさす。「誇り高く、勇気ある砂漠の民」と言われ、彼らの「神の前にすべての人間は平等である」という考え方は、イスラム教の誕生に大きく影響したとされている。

28

ユダヤ教とは、いったい何か

ヤハウェを唯一の神とする選民思想と律法主義

ユダヤ教徒の人口は世界で1500万人以上と推定されている。ユダヤ教の成立は紀元前6世紀～同3世紀にさかのぼる。同6世紀に起きたバビロン捕囚という民族の苦難の中で、選民であるユダヤ人は神から与えられた戒律を守れば、やがて救世主によって救われるという信仰が生まれた。

ユダヤ教の特色はヤハウェを唯一神と信じ、ユダヤ人は神から選ばれた民であるという「選民思想」と、神から与えられた律法を厳守することを定めた「律法主義」にある。

ユダヤ人の聖典（タナハ）は39巻から成るが、中でも、冒頭の5つの書、「創世記」「出エジプト記」「レビ記」「民数記」「申命記」（モーセ五書）が特に重要とされ、律法と呼ばれている。

ここには天地創造から始まって、預言者アブラハムの登場、ユダヤ人の祖先であるヘブライ人がモーセに率いられてエジプトから脱出し、約束の地にたどりつくまでの物語がつづられている。

ユダヤ教の主な祭りには、神が最初の人間を創造したことを祝う「新年の祭り」（ロシュ・ハシャナ）、エジプトから解放されたことを祝う「過越《すぎこし》の祭り」（ペサハ）、出エジプトを果たした後に罪を犯し、神に許し乞う「贖罪《しょくざい》の日」（ヨム・キプール）などがある。これらはすべてユダヤ人の歴史に基づいている。

このユダヤ教を母体として、1世紀頃にキリスト教が、7世紀頃にはイスラム教が誕生した。いずれもアブラハムを共通の祖先とし、彼の2人の息子がユダヤ人とアラブ人のそれぞれの祖先となったとされる。

ユダヤ教の特徴

創唱者	モーセ（民族宗教の一種）
信仰対象	神（ヤハウェ）
創唱者の性質	預言者（人間）
聖典	旧約聖書　おもにモーセ五書
使徒	イスラエルの民（選民、ユダヤ人）
行動規範の源	タルムード
教団組織・聖職者階級	宗教指導者としてラビ
理想的な社会との関係	政教一致の契機をもつ（約束の土地）
聖日（安息日）	シャバト （金曜日の日没から土曜日の日没まで、一切の労働をしない）
暦	閏年を設けた太陰暦を使用。農耕に適している。
おもな食物規定	カシェルートという厳格な規定がある（食べてよい生き物はコーシェル）。 豚肉も食べない。

出典：『面白いほどよくわかるイスラーム』　塩尻和子 監修、青柳かおる 著、日本文芸社 刊

ポイント解説

ヤハウェとの契約

『旧約聖書』で用いられる神の名。唯一絶対の神。神の名（YHWH）はヘブライ語の4つの子音文字で構成され、聖四文字と呼ばれる。エジプトを脱出したモーセとその民は、神との契約の掟（十戒）で「神の名前をみだりに使用してはならない」と決められたため、ユダヤ教徒は契約に従い「アドナイ（わが主）」と呼んだ。正式な発音は19世紀まで判明していなかった。

29

イスラム教とは、いったい何か

コーランの教えに従う。アッラーへの絶対的な帰依

イスラム教徒の人口は世界で18億～20億人と推定されている。イスラムとは、神への絶対的な帰依と服従を意味する。イスラム教は610年頃、アラビア半島のメッカで、神（アッラー）から啓示を受けたムハンマドによって創始された。その啓示は後に「コーラン」としてまとめられ、信者たちはこの教えに従い行動する。

信者は「五行」と呼ばれる倫理的指針を実践しなければならない。「シャハーダ」（信仰告白）、「サラート」（礼拝）、「ザカート」（喜捨）、「サウム」（断食）、「ハッジ」（巡礼）である。

このうち礼拝は特定の時間に1日5回（シーア派は3回）行う。食事はハラルと呼ばれる許された食品しか摂ることができない。

異教徒との戦いもイスラム教徒の義務とされている。迫害を受けたムハンマドは北方のメディナに聖遷し、新たなイスラム共同体（ウンマ）を設立した。やがてメッカを占拠していたクライシュ族と戦闘が始まり、メッカ奪還に成功した。これをジハード（聖戦）と呼ぶ。その戦いで、アッラーの館とされるカーバ神殿の周りに置かれていた360の偶像を破壊した。以後、イスラム教では偶像崇拝と多神教が禁止された。

ムハンマドは後継者を指名せずに没したため、後継者をめぐる争いが起きた。イスラム教の約9割を占めるスンニ派はムハンマドの娘婿で、いとこのアリーを含む4人を最高指導者とする。一方、少数派のシーア派はアリーを指導者とし、その直系の子孫を正統な後継者とみなす。両者は主導権争いを続け、中東の不安定要因となっている。

イスラム教の特徴

創唱者	ムハンマド
信仰対象	神(アッラーとはThe Godのことで神の名ではない)
創唱者の性質	最後の預言者(人間)
聖典	コーラン(+ムハンマドの言行録、ハディース) 旧約聖書のモーセ五書、ダビデの詩編、 イエスの福音書(新約聖書の最初の四書)
使徒	人類(普遍的)
行動規範の源	シャリーア(イスラム法)
教団組織・ 聖職者階級	教団組織も聖職者組織も原則としてない。(イマームは礼拝の指導者、ウラマーはイスラム法学者、ときには宗教的指導者の役割を持つ)
理想的な 社会との関係	政教一致(信仰生活と社会生活の一致)
聖日(安息日)	金曜日(正式には木曜日の日没から金曜日の日没まで) 合同礼拝の日
暦	ヒジュラ暦と呼ばれる。(純粋な太陰暦。太陽暦より1年で約11日少ない。四季に一致しない)
おもな食物規定	豚肉、酒類、規定に則って処理されていない食肉などの禁止規定がある。

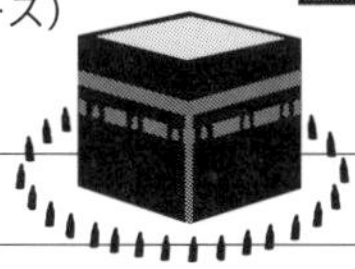

出典:『面白いほどよくわかるイスラーム』 塩尻和子 監修、青柳かおる 著、日本文芸社 刊

ポイント解説

アリーから生まれたシーア派

ムハンマドの死去後、アブ・バクル、オマル、オスマン、アリーが後継者となった。スンニ派ではこの4人を最高指導者(カリフ)と認めている。オスマン殺害後、第4代カリフとなったアリーは武力にたけ「アッラーの獅子《しし》」と呼ばれたが暗殺された。ムハンマドの血をひくアリーを崇める支持者たちは「シーア・アリー」(アリーの党)を結成し、シーア派となった。

30

キリスト教とは、いったい何か

イエスを救世主と信じ、新約・旧約聖書が聖典

キリスト教徒の人口は世界で約24億人とされ、最も信者数が多い。紀元1世紀にユダヤ教から分かれた。イエスをキリスト（救世主）と信じる宗教である。

イエスは紀元1世紀初頭にベツレヘム（ヨルダン川西岸）に生まれたとされ、各地で布教活動（神の国運動）を行った。しかし、イエスはユダヤ教に批判的だったため、ユダヤ教の宗教的権威やローマ帝国はイエスを脅威とみなした。

捕えられたイエスは十字架の刑に処せられたが、3日後に復活。弟子に教えを授けた後に、昇天した。人々はイエスを救世主と考え、弟子たちによってイエスの教えが広められた。キリスト教ではイエスの活動を福音と呼び、十字架にかけられた「受難」の日を重要視する。イエスが死から復活したことで人類の罪が贖《あがな》われると考える。

キリスト教の聖典『新約聖書』はイエスの言行録（福音の部）と弟子たちの布教記録（使徒の部）で構成される。父（神）、子（イエス・キリスト）、キリスト教徒に啓示をもたらす聖霊の3つが1つの神であるとする「三位一体」を教義としている。

キリスト教は4世紀末にローマ帝国の国教となり、世界各国に広まった。しかしローマ帝国が東西に分裂したことで、キリスト教会も東西に分かれた。東方教会はギリシャ正教会、西方教会はローマ・カトリック教会となり、16世紀には宗教改革が起きて、カトリック教会からプロテスタント教会が独立した。1054年、東西の教会の決裂は決定的となった。1965年に和解が成立したものの、亀裂《きれつ》は完全に修復していない。

キリスト教の特徴

創唱者	イエス
信仰対象	神、イエス・キリスト、聖霊
創唱者の性質	神の子　救い主(崇拝の対象)
聖典	聖書(新・旧約聖書)
使徒	人類(普遍的)
行動規範の源	(精神的規範)
教団組織・聖職者階級	教会、教団聖職者として 教皇、司教、司祭、助祭(ともに呼称は神父、プロテスタントでは牧師)
理想的な社会との関係	政教分離(聖俗の分離)
聖日(安息日)	日曜日
暦	キリスト誕生を元年とする太陽暦、グレゴリオ暦とも言う。西暦。
おもな食物規定	原則として食物の制限規定はない。

出典:『面白いほどよくわかるイスラーム』　塩尻和子 監修、青柳かおる 著、日本文芸社 刊

ポイント解説

聖霊を巡る東西教会の対立

1054年にキリスト教会がローマ・カトリック教会（西方教会）と、東方の正教会とに二分されたことを「シスマ」と呼ぶ。分裂はローマ教皇とコンスタンティノープル総主教がお互いに破門したことで決定的になった。言語や文化の違いのほか、「聖霊は父と子のどちらから発するか」という三位一体の理解の違い（フィリオクェ論争）が大きな原因となった。

31

自国の安全確保を最優先するイスラエル

宇宙、化学、電子通信、医療で世界トップ水準の軍事強国

イスラエルは人口約950万人、面積は2・2万平方キロメートルで日本の四国ほどの大きさだ。民族はユダヤ人（74％）、アラブ人（21％）、その他（5％）。宗教はユダヤ教（74％）、イスラム教（18％）、キリスト教（2％）など。公用語はヘブライ語。

議会は一院制（120名）で、1948年の建国以来、労働党を中心とする左派政権が続いた。その後、右派のリクード、労働党の左右2大政党が拮抗《きっこう》する時代となり、2009年以降はネタニヤフ首相率いる右派リクードを中心とする連立政権が継続している。

イスラエルにとっての最優先課題は、自国の安全確保だ。このため、徴兵制度を採用しており、基本的に男女とも高校卒業後、18歳で徴兵され、男子には32カ月、女子には24カ月の兵役が課されている。兵力は正規軍が約17万人、予備役は46・5万人いる。国民の多くは民間人である一方で軍人であり、就職でも軍歴が条件とされる。

イスラエルでは1990年代から2000年代にかけてハイテク分野が飛躍的に発展した。かつてペレス元首相は「戦場は大学、技術者は戦士、武器は頭脳」と述べたが、ハイテク技術こそ強国を作ると考えている。宇宙、化学、電気通信、医療などは世界のトップ水準だ。

アメリカから重火器を輸入し、イスラエルからは、武器等に使われる電子部品を輸出している。欧米との貿易量は全体の65％を占めるが、近年は中国やインドがイスラエル軍事産業の新たな市場となりつつある。

イスラエルのDATA

イスラエル国 State of Israel

■基本データ

1	人口	約950万人
2	面積	2.2万㎢(四国くらい)
3	首都	エルサレム
4	民族	ユダヤ人(74%)、 アラブ人(21%)
5	言語	ヘブライ語、アラビア語
6	宗教	ユダヤ教(74%強)、イスラム教(18%)

■政治

1	政体	共和制
2	元首	イツハク・ヘルツォグ(大統領)
3	首相	ビンヤミン・ネタニヤフ
4	議会	1院制(120名)

■経済

1	通貨	新シェケル
2	GDP	4816億ドル
3	1人当たりのGDP	5万1430ドル
4	主要産業	鉱工業(ダイヤモンド研磨加工、ハイテク関連など)、農業

外務省ホームページより

■建国までの歴史

紀元前に黄金期を迎えたユダヤ人王国がルーツ。ローマ帝国により滅亡され、2世紀以降、ディアスポラ(民族離散)が始まる。19世紀後半、ユダヤ人国家建設運動「シオニズム」の高まりを受け、「約束の地」パレスチナへのユダヤ人の移住が加速。先住のアラブ人との衝突を引き起こす。大戦後の国連の分割案により、1948年に悲願のユダヤ人国家を建国。

■トピックス

隠れた核保有国

イスラエルは正式には認めていないが、ストックホルム国際平和研究所(ＳＩＰＲＩ)は90発の核を保有していると推定される。欧州で化学を学んだ初代大統領ワイツマンの指示で、ウランの濃縮技術を確立した。

32

イスラエルに依存するパレスチナ自治政府

厳しい人・物の移動、投資の制限で経済的自立は困難

パレスチナは人口約548万人。ヨルダン川西岸に約325万人、ガザ地区に約222万人が住む。パレスチナ難民はヨルダン川西岸に約108万人、ガザ地区に約164万人が暮らす。民族はアラブ人、言語はアラビア語で、宗教はイスラム教（92%）、キリスト教（7%）である。

1993年のオスロ合意を経て、95年からパレスチナ自治政府が自治を開始。パレスチナ解放機構（PLO）主流派ファタハが支配権を握った。2004年、アラファトの死去に伴い、アッバスが新たな大統領（PLO議長を兼任）に選出された。06年のパレスチナ評議会選挙でハマスが勝利したが、内部対立でガザ地区はハマス、ヨルダン川西岸はファタハの分裂状態となった。

12年に国連の「非加盟オブザーバー国家」となり、「パレスチナ国」という呼称が生まれた。138カ国がパレスチナを国家として承認している。国連機関への加盟も可能となったが、実際には象徴的な意味合いにとどまる。

主な産業は農・漁業や、鉱工業、建設業やサービス業。輸出品はセメント、石灰岩、オリーブ、輸入品は石油・石油製品、穀物など。最大の貿易相手国はイスラエルで、輸出の約80%、輸入の約55%を占める。

第3次中東戦争によって、ヨルダン川西岸、ガザ地区はスラエルの占領下に組み込まれ、02年以降、建設が始まった分離壁で囲まれている。このため他国との貿易は遮断され、イスラエルへの経済依存が進んだ。人や物の移動、投資が厳しく制限されており、経済的自立は困難とされている。

パレスチナ自治政府のDATA

パレスチナ　Palestine

■基本データ

1	人口	548万人（西岸地区約325万人、ガザ地区約222万人）
2	面積	6020㎢ 西岸地区5655㎢（三重県くらい） ガザ地区365㎢（福岡市よりやや広い）
3	首都	ラマッラ（自治政府所在地、西岸地区）
4	民族	アラブ人
5	言語	アラビア語
6	宗教	イスラム教が92%、キリスト教（7%）

■政治

1	政体	暫定自治
2	元首	マフムード・アッバス（大統領、PLO議長を兼任）
3	首相	ムハンマド・シュタイエ
4	議会	パレスチナ立法評議会（132名）

■経済

1	通貨	独自の通貨なし（イスラエル・シェケル）
2	GDP	188.18億ドル
3	1人当たりのGDP	3517.363ドル
4	主要産業	サービス業、小売業・貿易

外務省ホームページより

■建国までの歴史

歴史的に多くの民族がパレスチナ人の地を巡り争ってきた。7世紀にイスラム教徒が征服し、アラブ化が進んだ。1948年にユダヤ人がイスラエルを建国。以降、アラブ諸国を巻き込んだ中東戦争が勃発。現在の地域は、1993年、イスラエルとパレスチナ解放機構とのオスロ合意に基づき、ヨルダン川西岸とガザ地区が「パレスチナ自治区」となった。

■トピックス

名作『ハイファに戻って』

ハイファはイスラエルの都市。作者のガッサーン・カナファーニーも故郷を追われ難民に。生後間もない子を残して強制的に追放された夫婦が、20年を経て住んでいたハイファの家を訪ねる。パレスチナ人の苦悩を描いた小説。

33

アラブ諸国を主導するサウジアラビア

世界最大級の石油を武器に独自の外交を展開

サウジアラビアは世界最大級の埋蔵量を誇る石油を武器に、影響力を強めてきた。アラブ諸国では唯一G20メンバー国であり、アラブ諸国の主導的な役割を果たしている。

人口は3217・5万人、国土面積は日本の約5・7倍（215万平方キロメートル）。宗教はイスラム教で、そのうちスンニ派が9割近くを占める。中でも急進的なイスラム改革を唱えるワッハーブ派が主力勢力である。国内にはメッカとメディナの2大聖地を有する。

サウジは部族社会で、サウード家が他の部族を率いてきた。元首はサウード家の一員であるサルマン国王で、2022年に息子のムハンマド皇太子を首相に任命した。ムハンマド皇太子はアラブで最も有力な1人と言われる。イスラム的な規制を緩和して娯楽を一部解禁したほか、30年までに石油依存から脱却し、産業の多角化を目指すビジョンを掲げて、改革を推進している。

外交面ではアメリカと同盟関係にあり、安全保障を委ねてきた。しかし、アメリカがアフガニスタンから撤退しプレゼンスを低下させたために、安全保障戦略の再構築を迫られた。

サウジは歴史的にイランを脅威とみなしてきた。イランの代理勢力、イエメンの武装勢力フーシ派から攻撃を受け、16年にイランと国交を断絶。23年に中国が仲介して外交関係を正常化したが、安全保障を強化するため、パレスチナ問題で溝のあったイスラエルとの連携を模索していた。

しかし、今回のイスラエルとハマスとの戦闘によりイスラエルとの関係改善は中断している。

サウジアラビアのDATA

サウジアラビア王国　Kingdom of Saudi Arabia

■基本データ

1	人口	3217.5万人（2022年、サウジアラビア国勢調査）
2	面積	215万㎢（日本の約5.7倍）
3	首都	リヤド
4	民族	アラブ人
5	言語	アラビア語
6	宗教	イスラム教（ワッハーブ派が多い）

■政治

1	政体	君主制
2	元首	サルマン・ビン・アブドルアジーズ・アール・サウード国王
3	首相	ムハンマド・ビン・サルマン・ビン・アブドルアジーズ・アール・サウード皇太子
4	議会	諮問評議会（定員150名）

■経済

1	通貨	サウジアラビア・リヤル
2	GDP	1兆1081億ドル
3	1人当たりのGDP	3万447.9ドル
4	主要産業	石油（原油生産量1050万9000バレル/日）

外務省ホームページより

■建国までの歴史

国名はサウード家のアラビア王国という意味。サウジアラビアの建国は18世紀に遡《さかのぼ》る。ワッハーブが厳格なイスラム教の改革運動を開始した。彼の教えを受けた地域の有力者ムハンマド・ビン・サウードが第１次サウード王国を建国。その後、第2次王国を経て、1902年、イブン・サウードが第3次サウード王国を復興。1932年に現在の国名に改称した。

■トピックス

酒の販売が解禁に!?

厳格なイスラム主義のサウジアラビアで、非イスラム教徒の外交官を対象に酒類販売が許可される見通し。これまで飲酒は厳禁だった。サウジは観光やビジネスの拠点を目指し、コンサートなども解禁されている。

34

「テロの輸出国」と言われるイラン

スンニ派のサウジアラビアと対抗するシーア派の大国

イランは湾岸アラブ諸国に君臨してきたシーア派の地域大国だ。イスラム教国家だが、民族はアラブ人ではなくペルシア人だ。言語もペルシア語である。人口8920万人のうち9割をシーア派が占める。最高指導者はハメネイ師で、大統領はライシ師が務めている。

もともと親米国家だったが、1979年のイラン・イスラム革命によって、パーレビ国王が追放され、反米を掲げるホメイニ師を最高指導者とする体制が発足した。革命を他国に輸出し、中東での覇権を狙《ねら》っている。とくにシーア派の人口が多いバーレーンやクウェート、シーア派コミュニティのあるカタール、サウジアラビア、アラブ首長国連邦（UAE）などの湾岸諸国は「革命の輸出」を深刻に受け止めている。これらの国々は、かつてのイランと同様に専制的な王政で、革命による体制転覆を極度に警戒しているからだ。

イランの軍事力は正規軍と「イラン革命防衛隊」で構成されている。「革命防衛隊」はイラン革命の直後に設立された組織で、イスラムのイデオロギーに忠実な軍隊だ。イラン指導部は正規軍よりも信頼を置いている。

「革命防衛隊」の海外作戦部門であるコッズ部隊は、ヒズボラやフーシ派のほか、ハマスやイスラム聖戦などの武装組織に資金や武器、訓練などを供与している。

イランは中国との結びつきも強めており、2021年には「イラン・中国包括的協力協定」を締結し、経済・安全保障分野での協力を強化した。またロシアや北朝鮮との連携も深めている。

イランのDATA

イラン・イスラム共和国　Islamic Republic of Iran

■基本データ

1	人口	8920万人
2	面積	164万8195㎢(日本の約4.4倍)
3	首都	テヘラン
4	民族	ペルシア人(ほかにアゼリ系トルコ人、クルド人、アラブ人など)
5	言語	ペルシア語、トルコ語、クルド語など
6	宗教	イスラム教、主にシーア派。少数派としてキリスト教、ユダヤ教、ゾロアスター教など

■政治

1	政体	イスラム共和制
2	最高指導者	セイエド・アリー・ハメネイ師(1986年6月)
3	大統領	セイエド・イブラヒム・ライシ(2021年8月就任)
4	議会	1院制(定数290名、任期4年)

■経済

1	通貨	イラン・リアル
2	GDP	3679億ドル(名目)
3	1人当たりのGDP	4252ドル(名目)
4	主要産業	石油(確認埋蔵量　1578億バレル・世界4位)

外務省ホームページより

■建国までの歴史

紀元前5世紀のアケメネス朝、紀元3世紀のササン朝の時代、ペルシア人は大版図を築き、世界の覇権を争った。1925年にパーレビ朝が成立。この王朝が国名をイランに代えた。1979年、ホメイニ師のもとで、パーレビ2世の近代化や親アメリカ政策に反発した民衆がイラン革命を成就。シーア派の最高指導者が率いる政教一致の宗教国家となった。

■トピックス

犬は不浄な動物

イランでは犬は不浄な存在。犬を飼うことを禁止されているわけではないが、保守的なイスラム教徒たちは犬を家に入れることを嫌う。最近は犬をペットとして飼う人も増えており、保守派議員はペット禁止法案を提出。

35

シーア派が率いる国となったイラク

イランが影響力を拡大。スンニ派、シーア派の対立が生む政治的緊張

2003年のイラク戦争でフセイン独裁政権が崩壊したイラクは、その後の国民議会選挙を経て、06年に再独立を果たした。

イラクではスンニ派とシーア派との対立が続き、政治的な緊張を招いてきた歴史がある。このため、現在では大統領はクルド人、首相はイスラム教シーア派、国会議長はスンニ派から選ばれるのが慣例となっており、首相が実権を握る。

人口は約4000万人で、民族構成はアラブ人（シーア派は約6割、スンニ派は約2割）、クルド人（約2割、多くはスンニ派）など。主な言語はアラビア語、クルド語である。

イラクでは宗派や民族が多様なために、それぞれが同じグループに属する外国勢力と結びついている。

とくにイラク国内で影響力を拡大させているのがイランだ。「神の党旅団（カタイブ・ヒズボラ）」は、イランに支援されているイラクの武装勢力の1つで、24年1月にヨルダンで米兵3人をドローンで殺害した疑いがあるとされる。

また山岳地帯では過激派組織「イスラム国」（IS）がテロ攻撃を仕掛けている。ISはイラクやシリアにまたがるスンニ派勢力で、イラク軍は一時、追放完了を宣言したが、完全な制圧には至らず、数千人の残党が活動している。

米軍は21年末に戦闘任務を終了し、訓練や情報協力の任務に移行した。イラクには2500人規模の駐留を維持しているが、イランを後ろ盾とする武装組織フーシ派などがミサイルやドローンによる攻撃を続けている。

イラクのDATA

イラク共和国　Republic of Iraq

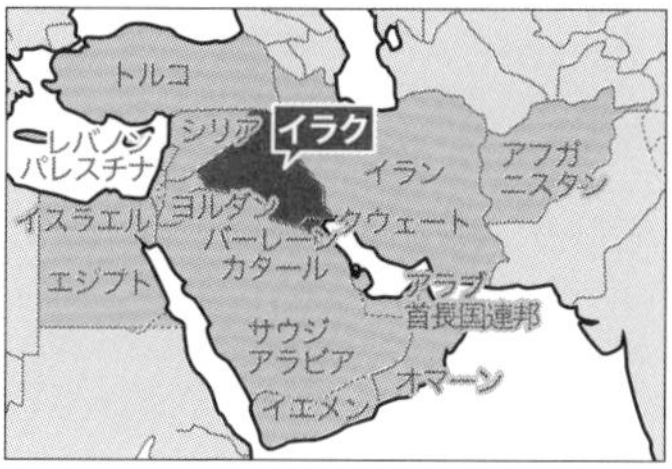

■基本データ

1	人口	3965万人
2	面積	43.83万㎢（日本の約1.2倍）
3	首都	バグダッド
4	民族	アラブ人（約8割）　クルド人（約2割）、少数派としてトルクメン人、アッシリア人など
5	言語	アラビア語、クルド語（共に公用語）など
6	宗教	イスラム教（シーア派、スンニ派）、キリスト教他

■政治

1	政体	共和制
2	元首	アブドゥルラティーフ・ラシード（大統領）
3	首相	ムハンマド・スダニ
4	議会	1院制（定員329議席、任期４年）

■経済

1	通貨	イラク・ディナール
2	GDP	2079億ドル
3	1人当たりのGDP	5048ドル
4	主要産業	石油（石油埋蔵量　1450億バレル・世界第5位）

外務省ホームページより

■建国までの歴史

紀元前6000年頃から古代メソポタミア文明の繁栄の地となった。8世紀以降、アッバース朝がバグダッドを首都に定め、イスラム文化が大繁栄。オスマン帝国の支配を経て、第1次世界大戦後にイギリス委任統治領となる。1932年、王国として独立。第2次大戦後、1958年にイラク革命が起こり、イラク共和国となった。多民族国家の1つ。

■トピックス

幻の古代都市が出現

国連によると、イラクは世界で5番目に気候変動の影響を受けやすい。この数年、気温の上昇で乾燥が続き農業の被害が深刻に。2022年にはチグリス川の水位が下がり、約3400年前の古代都市が出現、周囲を驚かせた。

36

アサド独裁政権が生き残るシリア

イランとロシアの軍事支援で国土の7割まで支配地回復

2011年から内戦が続くシリアでは、アサド政権が優勢を回復した。アサド政権を裏で支えるのがイランとロシアだ。

シリアは人口2156万人で、アラブ人が約75%、クルド人が約10%、アルメニア人その他が約15%を占める。宗教はイスラム教徒が87%で、うちスンニ派は74%、残りはアラウィ派やシーア派など13%。ほかにキリスト教徒10%、ドルーズ派が3%だ。

シリア大統領だったハーフェズ・アサド大統領は、アラウィ派で少数派の出身だったが、多数派のスンニ派を巧みに取り込み、長期安定政権を維持した。アサド大統領の死去後、後継者となったのが、次男のバッシャール・アル・アサドだ。

世襲による強権体制が続く中、11年の「アラブの春」によって反政府運動が激化。各地で発生したデモに過激派武装勢力が加わって内戦に発展した。その際、反政府勢力の弾圧でシリア軍の化学兵器使用が発覚し、オバマ大統領は軍事行動を警告したが、何も行わなかったために弱腰ぶりが非難された。

内戦は一時、「イスラム国」（IS）が勢力を拡大した。しかし、ISの最後の拠点が陥落して以降、徐々にアサド政権が優勢を取り戻し、国土の7割まで支配地を回復した。戦闘の局面を変えたのが、イランとロシアによる軍事支援だ。数千人規模のヒズボラの戦闘員がシリア軍を支援するために内戦に加わり、ロシアも空爆を行いアサド政権に加担した。21年の大統領選挙で、アサド大統領は95%の得票率で再選され権力を奪還した。

シリアのDATA

シリア・アラブ共和国　Syrian Arab Republic

■基本データ

1	人口	2156万人
2	面積	18.5万㎢(日本の約半分)
3	首都	ダマスカス
4	民族	アラブ人(75%強)、クルド人(約10%)、少数派としてアルメニア人など
5	言語	アラビア語
6	宗教	イスラム教スンニ派が74%、その他、アラウィ派、シーア派など(13%)、キリスト教(10%、ドルーズ派3%)

■政治

1	政体	共和制
2	元首	バッシャール・アル・アサド大統領
3	首相	フセイン・アルヌース
4	議会	1院制(人民議会・250議席)

■経済

1	通貨	シリア・ポンド
2	GDP	502.8億ドル
3	1人当たりのGDP	2900ドル
4	主要産業	繊維業、食品加工業

外務省ホームページより

■建国までの歴史

古代国家が興亡を繰り返した後、7世紀にイスラム教の勢力が拡大、ダマスカスを中心にウマイヤ朝を建てた。16世紀にオスマン帝国がシリアに進出、オスマン帝国の支配下となる。第1次世界大戦後にイギリス、フランスによって分割統治され、シリアはフランスの委任統治領となった。委任統治への反発が高まり、第2次大戦戦後の1946年に正式に独立。

■トピックス

バンクシーのメッセージ

謎のアーティスト、バンクシーが2015年に描いた『シリア移民の息子』。モデルはスティーブ・ジョブズだ。シリア移民(ジョブズの父)をアメリカが受け入れたから今のアップルが存在すると、難民救済を訴えた。

37

最大の難民受け入れ国・ヨルダン

等距離外交でアラブ諸国、欧米とも良好な関係

イラク、シリア、イスラエル、サウジアラビアなどに囲まれるヨルダンは、中東の中心に位置している。周囲を強国や紛争国に挟まれているため、穏健路線を採用し、等距離外交を推進している。周辺アラブ諸国や欧米とも良好な関係にある。

人口は約1100万人、言語はアラビア語で、イスラム教徒が93％を占め、主体はスンニ派である。他はキリスト教徒など（7％）。

立憲君主制で、元首はイスラム教の開祖ムハンマドの血筋をひくハーシム家43代目のアブドゥッラー（2世）国王。

1946年のトランスヨルダン王国として独立後、パレスチナ解放機構（PLO）が拠点を構えた。ヨルダン内戦でPLOを追放したが、その後、PLOのパレスチナ代表権を承認した。94年に、アラブ諸国としては2番目にイスラエルとの平和条約に署名、外交関係を樹立した。それ以降、中東和平に積極的な姿勢を示している。

中東で発生した「アラブの春」の影響を受けて、ヨルダンでも反政府運動が発生したが、混乱を巧みに回避した。しかし、産油国ではないため経済基盤は脆弱《ぜいじゃく》で、高失業率（17・9％）や政権の汚職への不満を背景に抗議行動が継続的に発生。政情不安の要因となっている。

ヨルダンは世界屈指の「難民受け入れ国」でもある。中東戦争によって多くのパレスチナ難民が流入したほか、湾岸戦争やシリア内戦でイラクやシリアなどからも難民が押し寄せた。人口の7割はパレスチナ系住民で、今回のガザ地区へのイスラエルの攻撃に対して抗議デモが頻発している。

ヨルダンのDATA

ヨルダン　Jordan

■基本データ

01	人口	1128万6000人(2022年世銀)
02	面積	8.9万㎢(日本の約4分の1)
03	首都	アンマン
05	言語	アラビア語(英語も通用)
06	宗教	イスラム教が93%。キリスト教など7%

■政治

01	政体	立憲(世襲)君主制
02	元首	アブドゥッラー2世・イブン・アル・フセイン(国王)(1999年即位)
03	首相	ビシェル・アル＝ハサーウネ
04	議会	2院制(上院65名、下院130名)

■経済

01	通貨	ヨルダン・ディナール
02	GDP	474.5億ドル(名目)
03	1人当たりのGDP	4204.5米ドル(名目)
04	主要産業	製造業、金融、観光、運輸・通信業

外務省ホームページより

■建国までの歴史

7世紀からイスラム王朝の支配を受け、16世紀以降、オスマン帝国の支配下に入る。第1次世界大戦でのオスマン帝国の敗北を受けて、ハーシム家のアブドゥッラーがイラク王国の独立を宣言するも、イギリスの委任統治領になった。1923年、「ヨルダン川の向こう側」の意味のトランスヨルダン首長国を建国。1946年に、トランスヨルダン王国として独立した。

■トピックス

スーパーマン国王

アブドゥッラー国王は元特殊部隊司令官。航空機や戦車を操り、要人の出迎えも自分で車を運転。外遊は自ら専用機を操縦する。変装も大好き。老人やタクシー運転手、新聞記者に化けて社会の実情を探るが2回ばれたという。

38

難民の流入を警戒するエジプト

仲介役に乗り出した背後にある大国の威信

エジプトは1979年にアラブ諸国の中で1番早くイスラエルと平和条約を締結した。穏健な地域大国として、イスラム諸国や欧米諸国との協調を重視するバランス外交を展開している。中東和平にも積極的な役割を果たす。

人口は1億926万人。アラブ人が主体で、宗教はイスラム教、キリスト教（コプト派）。

エジプトは中東戦争でアラブ諸国を率いる盟主的存在だったが、73年の第4次中東戦争後にサダト大統領はイスラエルと平和条約に調印。その結果、アラブ連盟から追放され、サダト大統領は暗殺された。後継のムバラク大統領も「アラブの春」によって倒され、イスラム主義団体「ムスリム同胞団」系のムルシが大統領に就任した。しかし2013年のクーデターで軍人出身のシシ現大統領に地位を追われた。

シシ大統領とハマスとの関係は複雑だ。シシ大統領は「ムスリム同胞団」を弾圧してきたが、「ムスリム同胞団」のパレスチナ支部として誕生したのがハマスだ。ガザ地区に影響力を行使したいシシ大統領はハマスとの微妙な関係を維持するために、ハマスの行動に一定の理解を示してきた。

今回、戦闘の仲介役に乗り出したのは、イスラエル、ハマス双方とのパイプを生かして紛争解決に影響力を行使し、大国の威信を回復する狙《ねら》いがある。しかし、シシ大統領はハマスへの警戒を解いていない。エジプトとガザ地区の間にあるラファ検問所を開放すれば、避難民がシナイ半島に流入してテロが活発化するとして、受け入れに否定的な姿勢を示している。

エジプトのDATA

エジプト・アラブ共和国　Arab Republic of Egypt

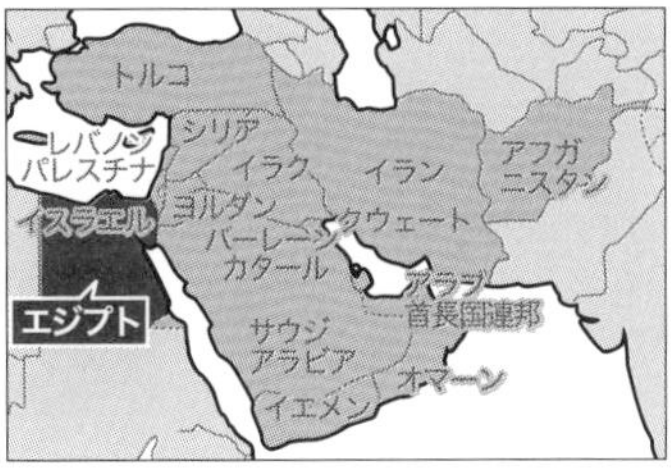

■基本データ

1	人口	1億926万人
2	面積	約100万㎢(日本の約2.7倍)
3	首都	カイロ
4	民族	おもにアラブ人(その他、少数のヌビア人、アルメニア人、ギリシャ人など)
5	言語	アラビア語
6	宗教	イスラム教、キリスト教(コプト派)

■政治

1	政体	共和制
2	元首	アブデルファタハ・シシ(大統領)
3	首相	ムスタファ・マドブーリー
4	議会	2院制(代議院、元老院)

■経済

1	通貨	エジプト・ポンド、ピアストル
2	GDP	4041億ドル
3	1人当たりのGDP	3699ドル
4	主要産業	農業、観光、石油

外務省ホームページより

■建国までの歴史

ナイル川流域に紀元前3000年頃から古代王朝が栄え、高度な文明を発展させた。7世紀にイスラム勢力が進出。16世紀にオスマン帝国領となる。18世紀末より、自立の運動が高まるが、19世紀後半にイギリスの保護国となる。1922年、エジプト王国としてイギリスより独立。1952年、ナセル率いる自由将校団によるクーデターを経て共和制に移行した。

■トピックス

クレオパトラの本当の魅力

古代エジプト王国の女王で「絶世の美女」と言われるクレオパトラ7世。彼女の魅力は知性にあったと言われる。十数の言語をあやつり、数学や哲学、歴史、天文学にも長《た》けていた。それを武器に有力者たちを虜《とりこ》にした。

39

18の宗派が存在するモザイク国家・レバノン

政治・経済の崩壊、シリア難民の大量流入で大混乱

レバノンは18の宗派が混在するモザイク国家だ。人口は529万人で、民族構成はアラブ人が95%、アルメニア人が4%。宗教はキリスト教（マロン派、ギリシャ正教、ギリシャ・カトリック、ローマ・カトリック、アルメニア正教）、さらにイスラム教（シーア派、スンニ派、ドルーズ派）などが入り混じり、長年、確執が続いてきた。そこで1943年、独立時のレバノン国民協約で、宗派の人口に応じて議席数や政府のポストを配分した。政治の実権はキリスト教徒が握った。

この配分が各派の利権に結びついた。利権を維持するためにスンニ派はサウジアラビアに、シーア派はイランやシリアに支援を仰ぎ、外国勢力が介入する事態を招いた。さらにイスラム教徒が増えて人口バランスが崩れ、イスラム教徒が多数派となった。実権を手放したくないキリスト教徒は宗派別人口調査を拒否。イスラム教徒は、中東戦争で流入して来たパレスチナ難民と手を結び、75年、内戦に発展した。イスラエルは首都ベイルートのパレスチナ解放機構（PLO）を排除するため、82年にレバノンに侵攻した。戦闘は泥沼化し、和平合意が結ばれる90年まで内戦は続いた。

イスラエルは2000年にレバノン南部から撤退、シリアも05年に撤退したが、レバノン南部ではイランが支援するヒズボラとイスラエルとの攻防が繰り返されている。

各派が議席や閣僚ポストを分け合う固定的な制度は政治機能をマヒさせており、経済も崩壊に近い状態にある。サウジとイランとの確執は依然として残っており、政情は不安定なままだ。

レバノンのDATA

レバノン共和国 Lebanese Republic

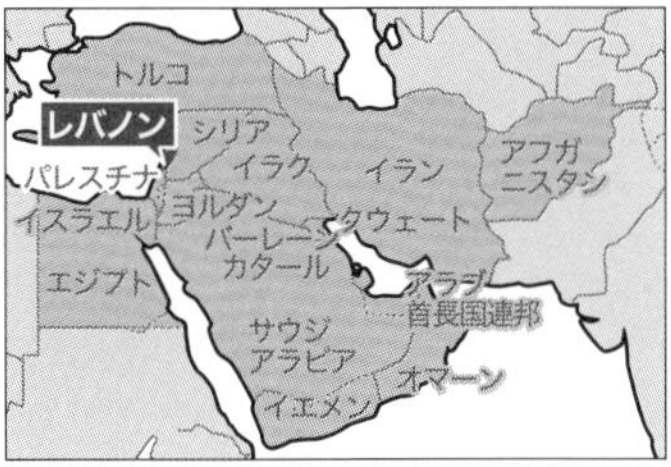

■基本データ

1	人口	529万人
2	面積	1万452㎢(岐阜県くらい)
3	首都	ベイルート
4	民族	アラブ人95%、アルメニア人(4%)、その他(1%)
5	言語	アラビア語、仏語、英語が通用
6	宗教	キリスト教(マロン派、ギリシャ正教、ギリシャ・カトリック、ローマ・カトリック、アルメニア正教)、イスラム教(シーア派、スンニ派、ドルーズ派)など18宗派

■政治

1	政体	共和制
2	元首	大統領は現在空席(閣僚評議会議長が代行)
3	首相	ナジーブ・ミカーティ
4	議会	1院制(128議席、キリスト教徒とイスラム教徒が同数、任期4年)

■経済

1	通貨	レバノン・ポンド
2	GDP	141億ドル
3	主要産業	金融、観光、食品加工業

外務省ホームページより

■建国までの歴史

国の象徴は古代から有名なレバノン杉で、国旗の中央にも描かれている。16世紀にオスマン帝国の支配下に入る。第1次世界大戦後、シリアの一地域としてフランスに統治され、シリアから分離後、1943年に独立した。古来よりさまざまな宗教が入り混じり、独立の際は、キリスト教マロン派、イスラム教スンニ派、ドルーズ派で主要ポストを分け合った。

■トピックス

キリスト教マロン派

レバノンの約3割を占める。レバノンの山地を本拠地に独自の教義や典礼を維持する最大宗派で、大統領は同派から選ばれるのが慣例。レバノンに逃走した元日産自動車会長カルロス・ゴーン被告もマロン派だ。

40

イスラエルと国交正常化したアラブ首長国連邦

アラブ、イスラム諸国と協調外交をする伝統的親米国家

アラブ首長国連邦（ＵＡＥ）は１９７１年、アブダビ、ドバイを中心とする６つの首長国が統合して結成された（翌年ラアス・アル・ハイマ首長国が参加）。ペルシア湾の南側に位置する小国で、伝統的な親米国家だが、アラブ、イスラム諸国やアジア諸国とも協調的な外交を展開する。

人口は１０００万人弱。アラブ人が主体で、宗教はイスラム教。このうち約78％がスンニ派で、22％がシーア派。

２０２０年にイスラエルとの国交を樹立した。アラブ諸国ではエジプト、ヨルダンに続くもので、湾岸諸国では初めてとなる。

ＵＡＥを含む湾岸諸国はペルシア湾を挟んでイランと向かい合うため、核開発を進めるイランへの警戒心を高めていた。イランに強硬姿勢を示すトランプ政権との関係を深め、イスラエルにもドローンの売却やスパイ活動の拠点を提供するなど、安全保障面で結びつきを強めていた。

ＵＡＥがイスラエルとの国交正常化を果たした大きな理由が経済だ。世界有数のＩＴ産業を持つイスラエルと投資や貿易、技術協力を推進できる点でメリットは大きい。

これに対してパレスチナからは「裏切り者」という強い反発を受けた。ＵＡＥは正常化に際して、イスラエルによるヨルダン川西岸への主権の適用停止を条件とした。しかし今回の戦闘で、イスラエルの西岸への入植はさらに強化される見通しだ。

中国との関係も深まっており、中国が主張する「１つの中国」に支持を表明している。

アラブ首長国連邦のDATA

アラブ首長国連邦　United Arab Emirates　UAE

■基本データ

1	人口	989万人
2	面積	8万3600㎢(北海道くらい)
3	首都	アブダビ
4	民族	アラブ人
5	言語	アラビア語
6	宗教	イスラム教スンニ派がほとんど

■政治

1	政体	7首長国による連邦制
2	元首	ムハンマド・ビン・ザーイド・アール・ナヒヤーン(大統領、アブダビ首長)
3	首相	ムハンマド・ビン・ラーシド・アール・マクトゥーム(ドバイ首長)
4	議会	連邦国民評議会(40名、任期4年)

■経済

1	通貨	ディルハム
2	GDP	4211億ドル(名目)
3	1人当たりのGDP	4万3103ドル(名目)
4	主要産業	石油・天然ガス、貿易、建設、サービス

外務省ホームページより

■建国までの歴史

古来より海上貿易の要衝であり、7世紀にイスラム帝国、次いでオスマン帝国の領土となった。15世紀よりポルトガル、オランダ、イギリスが進出。17世紀からアラブの部族がイギリス船を襲う海賊行為が頻発。1892年にイギリスが保護領とした。1971年、イギリス撤退を受けてアブダビ、ドバイを中心に6首長国(翌年ラアス・アル・ハイマが参加)が統合し独立。

■トピックス

世界一の超高層ビル

ドバイにある超高層ビル「ブルジュ・ハリファ」はアンテナを除いた先端部分までの高さが828メートルで206階。世界で最も高い。2010年完成。ホテル、レストラン、オフィス、住居区間があり、富裕層や投資家たちが住む。

41

紛争の仲介役で存在感を高めるカタール

豊富な石油エネルギーを武器にした実利的な戦略

カタールは、イスラエルとハマスの交渉の主導的な仲介役を務める。ハマスを含む多くの過激派組織とのパイプを持つほか、中東最大の米軍基地を有するなどアメリカとの関係も深く、役割の重要性が注目されている。カタールの特殊な外交の背景には、豊富な石油エネルギーを武器にした小国の実利的な戦略がある。

カタールの面積は1万1427平方キロメートル足らずで秋田県よりもやや狭い。人口もわずか約300万人でスンニ派アラブ人の国家だ。

全方位外交を展開しており、アフガニスタンのタリバン政権、シリアの反政府勢力、イランなどとパイプを持ち、首都ドーハにはハマスの政治部門が存在する。ハマスの最高指導者イスマーイール・ハニヤなどの高官が拠点を置いている。これまでにレバノンの対話の仲介や、スーダン西部ダルフール紛争の仲介、イランやアフガニスタンでの人質の解放、アフガニスタンからの米軍の撤退支援など、積極的な外交を展開し評価を高めた。

2022年にはFIFAワールドカップを開催。国際問題の仲介努力を世界にアピールし、国際大会の招致につなげる成果を収めている。

ガザ地区に対しては公務員の給与や、貧困家庭への現金給付、人道支援などの財政支援を行っており、パレスチナ問題の「2国家解決」を支持している。

しかし、カタールの独自外交に不快感を示すアラブ諸国も多い。テロ組織を支援しているとして、サウジアラビアやアラブ首長国連邦（UAE）、バーレーンなどは一時、国交を断絶した。

カタールのDATA

カタール国　State of Qatar

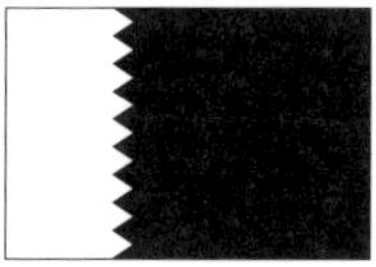

■基本データ

1	人口	約300万人
2	面積	1万1427㎢(秋田県よりもやや狭い)
3	首都	ドーハ
4	民族	アラブ人
5	言語	アラビア語
6	宗教	イスラム教スンニ派が多い

■政治

1	政体	首長制
2	元首	タミーム・ビン・ハマド・アール・サーニ(首長)
3	首相	ムハンマド・ビン・アブドルラフマン・アール・サーニ(外相も兼務)
4	議会	諮問評議会(45名)

■経済

1	通貨	カタール・リヤル
2	GDP	2196億ドル
3	1人当たりのGDP	約8万4000ドル
4	主要産業	石油(生産量約181万バレル/日)、天然ガス

外務省ホームページより

■建国までの歴史

ペルシア湾岸の小さな半島が国土。現在のカタールの部族構成は、18世紀後半にアラビア半島の内陸部から移住してきたアラブ人がルーツ。諸部族の抗争ののち、サーニー家がカタール首長となった。第1次世界大戦を機に、1916年、イギリスの保護領となる。1968年、イギリスがスエズ以東からの軍事撤退を宣言したことにより、1971年に独立を果たした。

■トピックス

ハマス幹部もセレブな生活

豊富なオイルマネーで、カタール国民の医療や教育はすべて無償。大卒初任給が月200万円を超える職種も。ハマス幹部たちもここで優雅な生活を送る。高級ホテルや豪邸に暮らし、プライベートジェットを乗り回しているという。

42

「アブラハム合意」に加わったバーレーン

国交正常化で投資、ハイテク技術の呼び込みを狙う

アラブ諸国と善隣友好外交を展開するバーレーンは、欧米との関係を強化する一方で、イランとは2016年以降、関係を断絶している。20年にはイスラエルと国交を正常化し、アラブ諸国では4番目となった。

面積は仙台市とほぼ同じ786・5平方キロメートル、人口は約150万人。ペルシア湾岸6カ国で構成される「湾岸協力会議」（GCC）の一員で、昔から貿易の中継地として栄えた。

バーレーンは、王族などはスンニ派（25％）だが、国民の多くがシーア派（75％）である。シーア派住民は社会的、経済的にも下層に置かれ、2011年の「アラブの春」では、シーア派住民を中心とする反政府派デモが発生した。

バーレーンは、イランを政権転覆の脅威とみなして警戒している。過激なイスラム主義運動がシーア派住民を刺激して、国内が不安定化するおそれがあるからだ。

バーレーンはイランに続いて、17年にはカタールとも国交を断絶した。さまざまな反政府勢力と関係を持つカタールは「テロ組織を支援し、地域の安定を脅かしている」という理由からだが、23年に外交関係を修復した。

一方で欧米とは関係を強化しており、イラクのクウェート侵攻（1990年）で米英軍を受け入れて以来、両国と防衛協定を締結している。

石油生産が少ないバーレーンは、産業の多角化を推進しているが、経済基盤が弱いために、イスラエルとの国交正常化によって投資やハイテク技術を呼び込む狙《ねら》いがある。

バーレーンのDATA

バーレーン王国　Kingdom of Bahrain

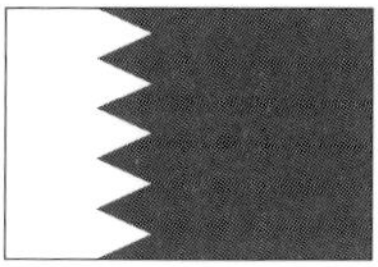

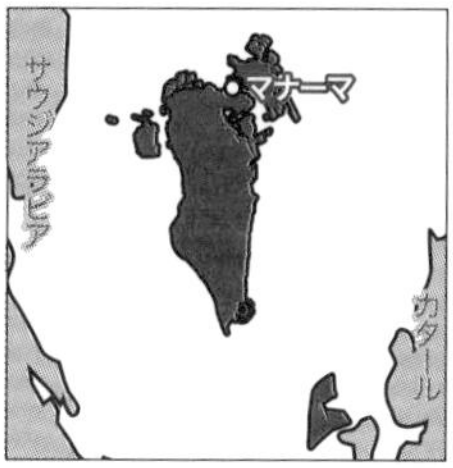

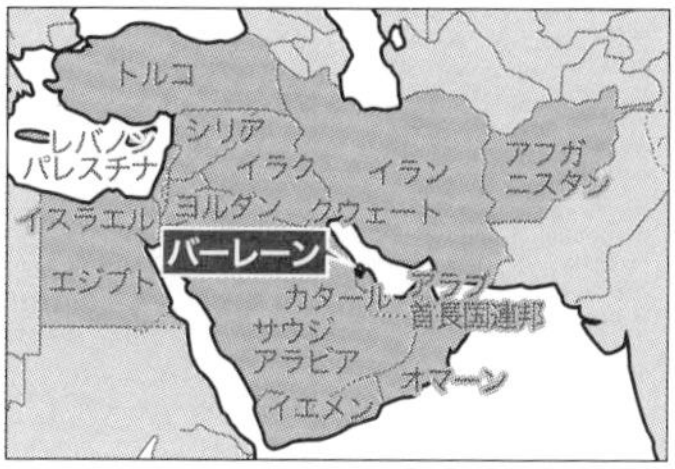

■基本データ

1	人口	150万4000人
2	面積	786.5k㎡（仙台市とほぼ同じ）
3	首都	マナーマ
4	民族	アラブ人
5	言語	アラビア語
6	宗教	イスラム教シーア派が多い（王族はスンニ派）

■政治

1	政体	立憲君主制
2	元首	ハマド・ビン・イーサ・アール・ハリーファ（国王）
3	首相	ハリーファ・ビン・サルマン・アール・ハリーファ
4	議会	二院制の国民議会（諮問院40名・下院40名）

■経済

1	通貨	バーレーン・ディナール
2	GDP	337億ドル（実質）
3	1人当たりのGDP	2万2427ドル（実質）
4	主要産業	石油精製、アルミニウム精錬、金融サービス

外務省ホームページより

■建国までの歴史

ペルシア湾に浮かぶ小さな島国。古代バビロニア、アッシリア時代には、ディルムーンという貿易の中継地であり、BC3世紀からAD15世紀にかけては真珠の産地として栄えた。7世紀にイスラム化する。18世紀にアラビア半島から移住したスンニ派のハリーファ家がバーレーンの地を征服。1880年以来、イギリスの保護国となった。1971年にイギリスから独立。

■トピックス

真珠産業はなぜ衰退？

かつて真珠産業の拠点だったバーレーン。真珠で財をなした人の邸宅などが残り、世界遺産に登録された。真珠産業が衰退したのは、明治時代に真珠養殖に成功し、世界に販路を拡大した御木《みき》本幸吉《もとこうきち》の本業の発展があったからだ。

43

サウジとイランの代理戦争の場・イエメン

宗派の対立など長期化した内戦で37万人以上が死亡

長期化する内戦で「世界一の人道危機」が指摘されているイエメンは、イランとサウジアラビアの「代理戦争」の場所となっている。

イエメンは人口約３０００万人で、アラブ人を主体とし、宗教はイスラム教スンニ派と、シーア派の一派のザイド派に分かれる。

１９７０年代から80年代まで北イエメンと南イエメンとの間で、武力衝突が繰り返されたが、冷戦の崩壊で南北が統合、１９９０年にイエメン共和国が誕生した。

２０１１年、「アラブの春」によってサレハ独裁政権が打倒された後、スンニ派武装組織アラビア半島のアルカイダ（ＡＱＡＰ）、シーア派武装組織フーシ派などが勢力を拡大し対立、国内の不安定化が続いた。

15年、イエメン北部に進軍したフーシ派はサレハ大統領の後任のハディ暫定大統領を追放し、首都サヌアを掌握した。これに対し、サウジアラビアが主導する連合軍がハディ暫定政権を支援して軍事介入し、内戦に突入した。

フーシ派は同じシーア派のイランから武器の供与や訓練を受けており、19年のサウジの石油生産プラントを狙《ねら》った攻撃では、世界の１日の生産量の約５％に当たる５７０万バレルが失われる甚大な被害が出た。アメリカはイランが背後にいると断定した。

内戦は国内の宗派対立だけでなく、地政学的な争いや、イラン、サウジの思惑が絡んでいる。これまでに37万人以上が死亡、約１４１０万人が食料不足の危機に直面する事態となっている。

イエメンのDATA

イエメン共和国　Republic of Yemen

■基本データ

1	人口	2983万人
2	面積	55.5万㎢(日本の約1.5倍弱)
3	首都	サヌア
4	民族	おもにアラブ人
5	言語	アラビア語
6	宗教	イスラム教(スンニ派、ザイド派)

■政治

1	政体	共和制
2	元首	アブドラッボ・マンスール・ハーディ(大統領)
3	首相	マイーン・アブドルマリク・サイード
4	議会	国会(301名)、諮問評議会(111名)

■経済

1	通貨	イエメン・リアル
2	1人当たりのGNI	940ドル
4	主要産業	農業、漁業、石油・天然ガス産業

GNI:国民総所得

外務省ホームページより

■建国までの歴史

古来より交易の中継地として栄え、「幸福のアラビア」と呼ばれる肥沃《ひよく》な土地。旧約聖書に登場するシバの女王の国があったとされる。ササン朝ペルシアの支配下に入るが、7世紀にイスラム化。1839年に南部をイギリスが保護領とした。16世紀、北部をオスマン帝国が占領。1918年に北部、1967年に南部が独立。1990年、南北が統一してイエメン共和国となった。

■トピックス

モカコーヒーの発祥地

イエメンはコーヒーの名産地。同国のイスラム教徒たちが祈りを捧《ささ》げる眠気覚ましにコーヒーを飲んでいたことから、広がったとされる。モカはイエメンの積出港の名前。内戦で出荷がピンチになっている。

高山正之の中東巻論　4

3つの宗教の元となる ゾロアスター教

中東の半分はペルシア人が支配してきた。今のイラン人だ。人種はインドアーリアンで、アケメネス朝（紀元前５５０年〜同３３０年）の時代から中東に君臨し、７世紀のイスラムの登場まで続いた。ペルシア人はセム系を見下し、セム系の中でもユダヤ人がアラブ人を見下してきたという構造があった。

宗教もこの２つの民族が大きく関わる。まず、ペルシアに紀元前10世紀頃、「神が人をして語らせる」いわゆる預言者宗教のゾロアスター教が登場する。ユダヤ教はゾロアスター教を下敷きにして作られた。ユダヤ教には「バビロン捕囚」が深く関係している。新バビロニア国王ネブカドネザル２世はユダ王国を滅ぼして4万5000人以上のユダヤ人をバビロニアに奴隷として連れていった。それがバビロンの捕囚だ。

ユダヤ人は「自分たちは捕らわれの奴隷とされているが、本来は誇り高い民族だ」と言い、ユダヤ民族の誇り高い歴史を編纂したのがユダヤ教の旧約聖書だ。このとき参考にしたのがゾロアスター教だった。

ユダヤ教から生まれたキリスト教もゾロアスター教の影響を受けている。救世主イエスが処女懐胎で誕生のくだりも千年王国の終わりの「最後の審判」などは、ほぼその引き写しだ。そのイエスの言行録が新約聖書になる。これを踏まえて、７世紀に神は預言者ムハンマドを選び、イスラム教が登場した。この若い宗教集団は中東を席巻し、中東の覇者ササン朝ペルシアを崩壊させ、世界宗教の１つにのしあがった。ゾロアスター教からユダヤ教ができ、ユダヤ教からキリスト教、イスラム教ができている。いわばイスラム教はゾロアスター教の「孫宗教」なのだ。

第5章

なぜアメリカはイスラエルを支援するのか

44

アメリカがイスラエルを軍事支援する理由

中東でのアメリカの影響力維持が狙い

アメリカとイスラエルは特別な同盟関係にある。アメリカによる対イスラエル支援は第2次世界大戦終結以降、2022年までに、2636億ドルに達する。これはアメリカが支援するどの国よりも突出して多い。その理由は、中東でのアメリカの外交政策や影響力を維持することに加え、宗教的な結び付きが強いからだ。

とくに第3次中東戦争を契機に、アメリカからの援助が急増した。冷戦下でアメリカと旧ソ連は中東地域での影響力を競っており、旧ソ連の浸透力をそぐために、イスラエルの支援強化が図られた。

中でも大きな役割を果たしたのが、73年から77年まで米国務長官を務めたキッシンジャーだ。73年には、年間10億ドル程度だった軍事支援を、77年には約30億ドルにまで拡大した。彼自身、ナチスからアメリカに逃れたユダヤ人だ。

80年代になると、両国間で「戦略協力協定」が締結され、軍事技術の供与や合同軍事演習の実施など、軍事的な結びつきが一層、緊密になった。最近ではイランの脅威抑止のために支援が強化されているのに加え、今回のイスラエルとハマスの戦闘で、アメリカは通常予算の38億ドルに加えて、140億ドルの軍事支援を追加承認した。

両国は日米のように法的に裏付けられた同盟関係にはない。しかしイスラエルは「北大西洋条約機構（NATO）以外の主要同盟国」として事実上、加盟国と同等の地位にあり、イスラエルが攻撃されればアメリカの軍事介入が想定される。その意味で「特別な関係」と呼ばれる両国のつながりは特異的と言える。

アメリカの海外援助

■アメリカの海外援助 トップ10カ国（1946～2022年）

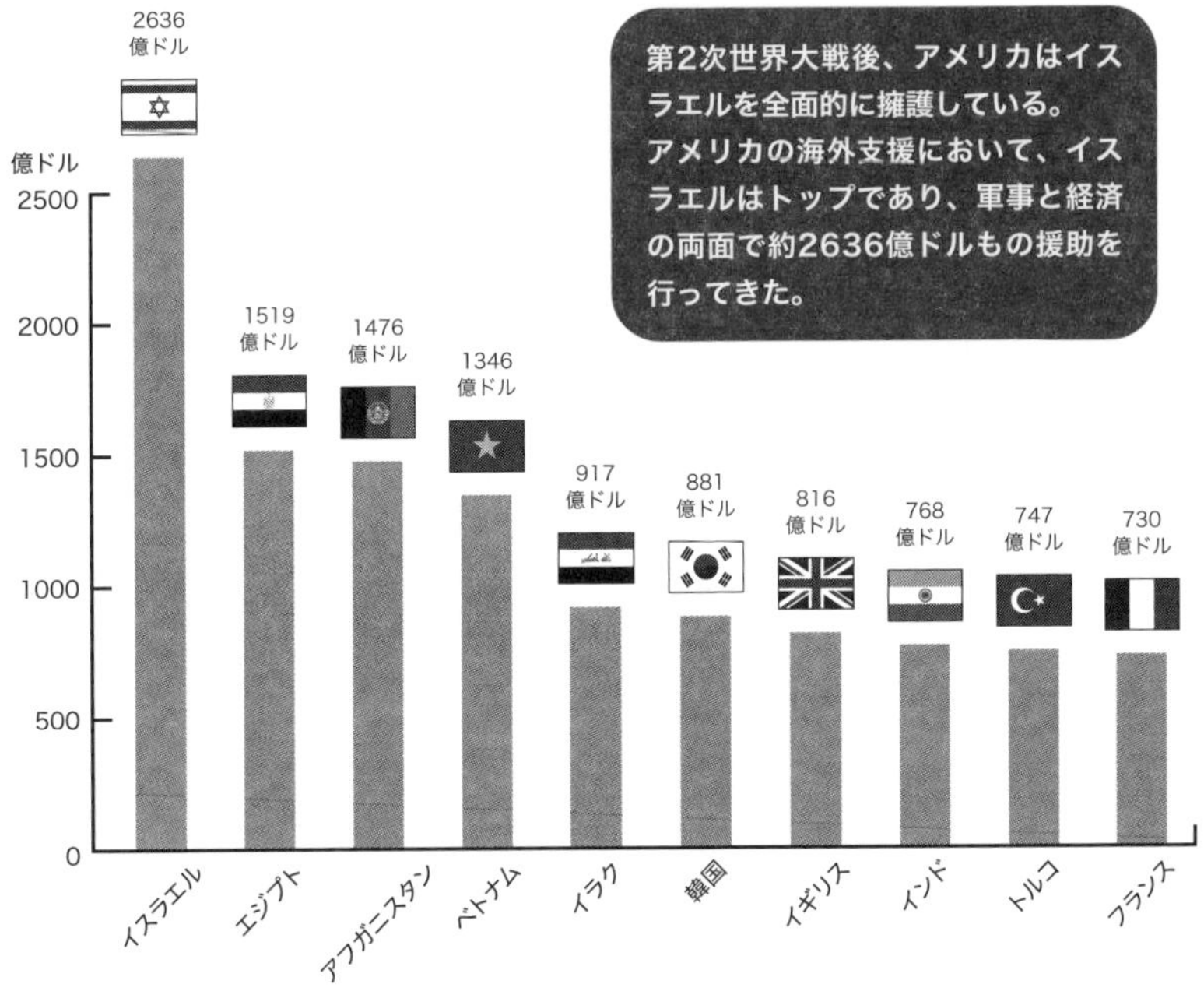

出典：米連邦政府国務省国際開発庁（ＵＳＡＩＤ，foreignassistance.gov）
ウエブサイト 『Al Jazeera』、2023年10月11日のエントリーより引用

ポイント解説 米外交を主導したキッシンジャー

1923年ドイツ生まれ。ナチスから逃れるため家族と渡米した。ニクソン大統領の国家安全保障担当補佐官となり、その後、国務長官を兼任。アメリカの外交政策に大きな影響力を持った。ベトナム戦争終結や米中国交正常化に重要な役割を果たしたほか、第４次中東戦争では調停役としてイスラエルとアラブ諸国の間を何度も訪問するシャトル外交を展開した。

45

アメリカのユダヤ人口はわずか2・2%

主要メディアやＩＴで世論をリードする

アメリカのユダヤ人人口は約750万人で、全人口（約3億3500万人）の約2・2%に過ぎない。宗教別人口でも、ユダヤ教徒は全体の約2%ときわめて少数派だ。そのユダヤ人がなぜアメリカの政界に大きな影響力を発揮できるのか。

アメリカのユダヤ人の特徴は、高収入で教育水準が高いことだ。政治的な関心が高く、投票率は80〜85%にも達する。とくに米大統領選挙では激戦州（フロリダ州、ジョージア州、ミシガン州など）で、その投票動向が大きな力を発揮する。

米世論調査会社・ピューリサーチセンターによると、ユダヤ人の一般的な傾向はリベラルで民主党の支持者が多い。一方で、保守的なユダヤ教徒は強固な共和党支持者が多く、中でも正統派ユダヤ教徒の86%は、トランプ前大統領の対イスラエル政策を高く評価しており、支持政党が二分化する傾向にあるという（2020年）。

主要なメディア、「ニューヨーク・タイムズ」「ワシントン・ポスト」「ウォールストリート・ジャーナル」などのほか、ワーナーブラザーズなどの映画産業などもユダヤ人が多くを占めており、世論を主導している。資金力も大きく、ゴールドマン・サックスなどの投資銀行をはじめ、Ｍｅｔａ《メタ》（旧フェイスブック）のマーク・ザッカーバーグ、グーグルを創業したラリー・ペイジら世界的なＩＴ企業の創始者の多くがユダヤ系だ。

ハマスのテロ攻撃の後、全米のユダヤ人コミュニティから現金数百万ドルが集まったほか、大量の軍服、防弾チョッキなどが寄付されるなど、結束力も際立っている。

アメリカでのユダヤ人の影響力

■ユダヤ人の比率が比較的高い州

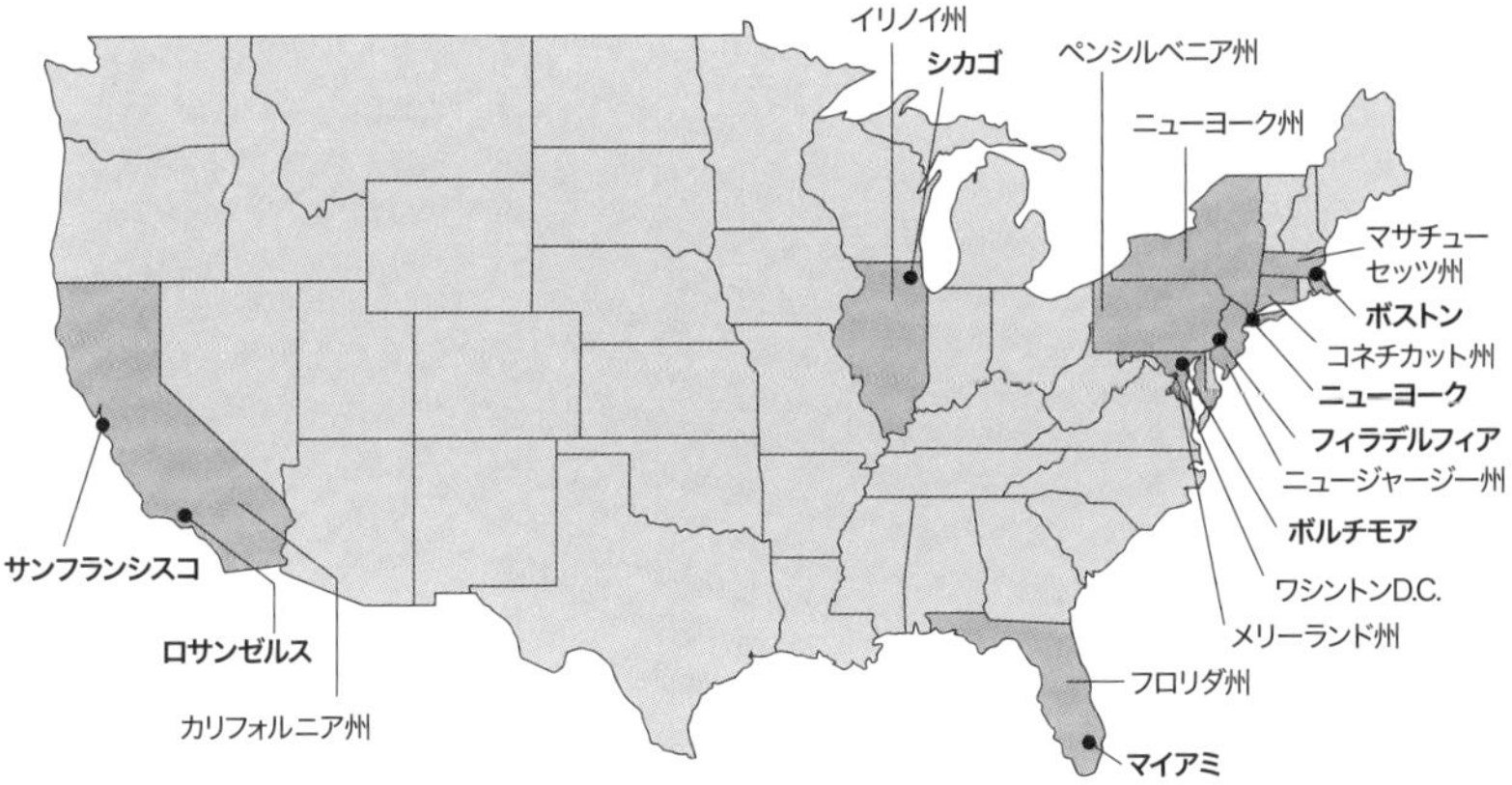

■ユダヤ人の比率が高いアメリカの州ベスト10

順位	州	比率
1	ニューヨーク	9.1%
2	ニュージャージー	5.5%
3	フロリダ	4.6%
4	ワシントン D.C.	4,5%
5	マサチューセッツ	4.4%

順位	州	比率
6	メリーランド	4.2%
7	コネチカット	3.0%
8	カリフォルニア	2.9%
9	ペンシルベニア	2.7%
10	イリノイ	2.3%

■ユダヤ人の人口が多いアメリカの都市

順位	都市圏	人口
1	ニューヨーク市	175万人
2	マイアミ	53万5000人
3	ロサンゼルス	49万人
4	フィラデルフィア	25万4000人

順位	都市圏	人口
5	シカゴ	24万8000人
6	サンフランシスコ	21万人
7	ボストン	20万8000人
8	ボルチモア / ワシントン D.C.	16万5000人

Wonld Jewish Congress 調べ

■ユダヤ系の世界企業

企業	時価総額(2023年12月)	ユダヤ系の人物
アップル	3兆210億ドル　(世界1位)	創業者 ビル・ゲイツ
アルファベット	1兆7220億ドル(世界4位)	創業者 ラリー・ペイジ
メタ(旧フェイスブック)	8393億ドル(世界7位)	創業者 兼会長兼CEO マーク・ザッカーバーグ

出典:2023年12月　companies market cap.com（2023.12.8）

46

アメリカ政界で際立つイスラエル・ロビー

ネタニヤフ首相を全面的にバックアップする最強の団体

ユダヤ系の支持者から潤沢な資金を得てロビー活動を行うイスラエルの圧力団体の影響力は、きわめて強力だ。選挙での動員力や資金力が大きく、もし政治家が彼らを批判したり無視したりすれば、当選はおぼつかない。実際にイスラエルに友好的ではないとされた上院外交委員長が落選に追い込まれたケースもある。「アメリカの中東政策はイスラエル・ロビーを無視しては成り立たない」と言われるゆえんだ。

　イスラエル・ロビーの中でも、もっとも大きな力を持つのが、１９５３年に設立された「アメリカ・イスラエル公共問題委員会（ＡＩＰＡＣ《エイパック》）」だ。「全米ライフル協会」をしのぐ「最強のロビー団体」とも言われ、アメリカの中東政策を決定づけてきた。パレスチナ自治政府の孤立化や、イランの核保有の反対などを政治目標に掲げる。内部での発言力は献金の多寡によって決まり、献金が多い者ほど権限も大きい。

　ＡＩＰＡＣはネタニヤフ首相を全面的にバックアップしているが、これに対抗する左派系のロビー団体も生まれている。２００８年に設立された「Ｊストリート」だ。イスラエル支持では共通するが、ネタニヤフの強硬路線に反対し、イスラエルとパレスチナの「２国家共存」を訴える。とくにユダヤ系アメリカ人の間でネタニヤフ路線に反発が強まる中で、その存在感を強めている。

　反ユダヤ感情が高まることを警戒し、イスラエルの攻撃の中止を求めるデモも増えており、こうした潮流が今後のアメリカの中東政策に変化を及ぼす可能性もある。

変化する米ユダヤ社会とイスラエルとの関係

イスラエルとパレスチナ　どちらに共感する？

共和党支持者

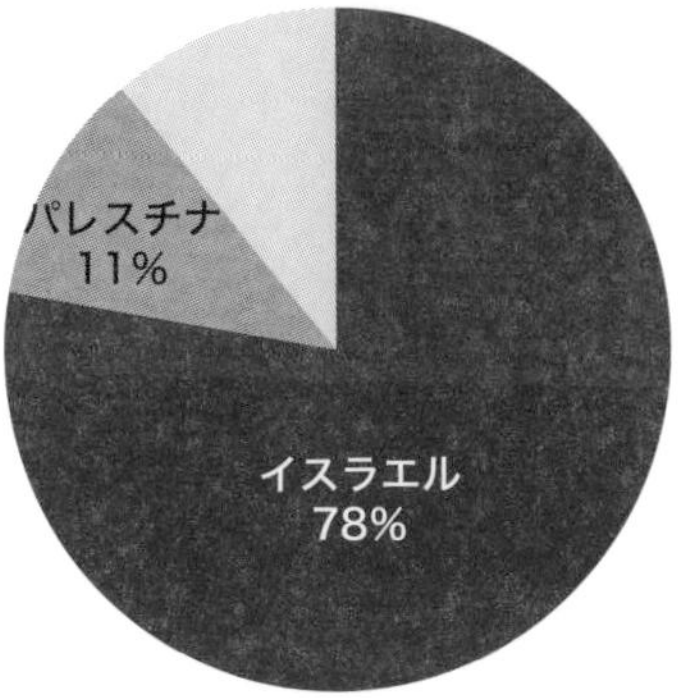

民主党支持者

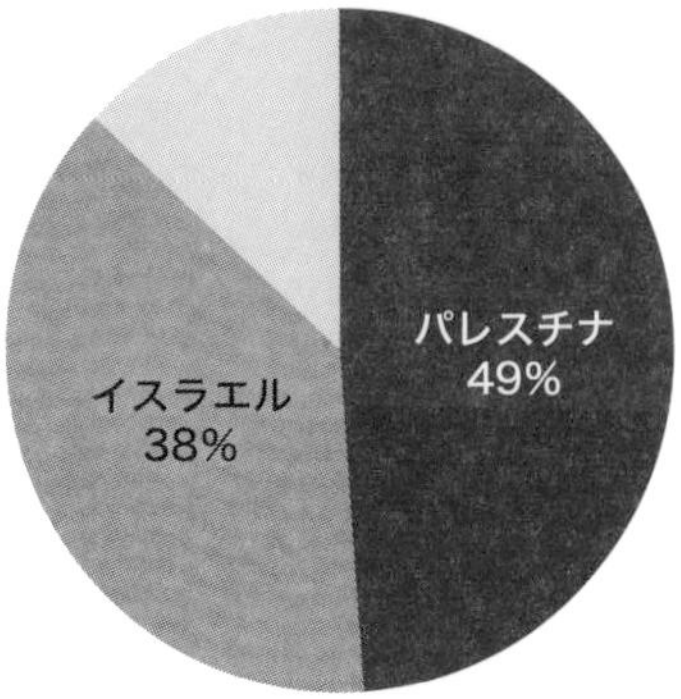

イスラエルに共感する人が
圧倒的に多い

2023年、パレスチナに
共感する人がイスラエルを逆転

2023 年　ギャラップ社調査

■２つのイスラエル・ロビー

アメリカのユダヤ系750万人

最強のイスラエル・ロビー　　1953年設立

保守系　AIPAC（エイパック）＝アメリカ・イスラエル公共問題委員会

↓

イスラエル。ネタニヤフ首相を
強固に支持

↑ 反発
新興のイスラエル・ロビー

リベラル系　Ｊストリート　親イスラエル・2国家共存　2008年設立

47

キリスト教福音派とは、どんな存在か

すべての教派に存在する保守的なキリスト教信仰の組織

イスラエル・ロビーに加えて、アメリカの中東政策に強い影響力を持つのがキリスト教福音派である。ネタニヤフ強硬路線を支持するのはこの勢力だ。

福音派は、保守的なキリスト教信仰の組織で、プロテスタントのほぼすべての教派に存在する。新約聖書の福音書を「神の言葉」と受け止めて忠実に守ろうとすることから、福音派と呼ばれる。

彼らは聖書にある「パレスチナは神がユダヤ人に与えた土地」を信じ、イエスが再臨するためには、ユダヤ人国家がパレスチナの「約束の地」に再建される必要があると考えている。このため、ネタニヤフ首相が進めるイスラエルの占領地への入植を支持している。

アメリカの人口の約半数はプロテスタントで、そのうちの半分以上は福音派である。すなわちアメリカの4分の1以上が福音派で、その人口は約1億人を超える。

中でも白人の福音派の8割は共和党支持者だ。福音派は1970年代から台頭し、80年代以降は共和党を支える支援団体となった。これまでにレーガン大統領、ジョージ・W・ブッシュ大統領らを誕生させる原動力となり、2016年の大統領選挙では80%がトランプ氏に投票して、当選に導いた。レーガン時代以降、「イスラエルは米国の戦略的資産」と位置づけている。

しかし、福音派の間でも今回のイスラエルの攻撃を支持しない若者が増え、パレスチナ支持が増加している。福音派全体のイスラエルへの支持は堅固だが、若者の動向が注目される。

イスラエルを支持するキリスト教福音派

■福音派プロテスタントが多い州

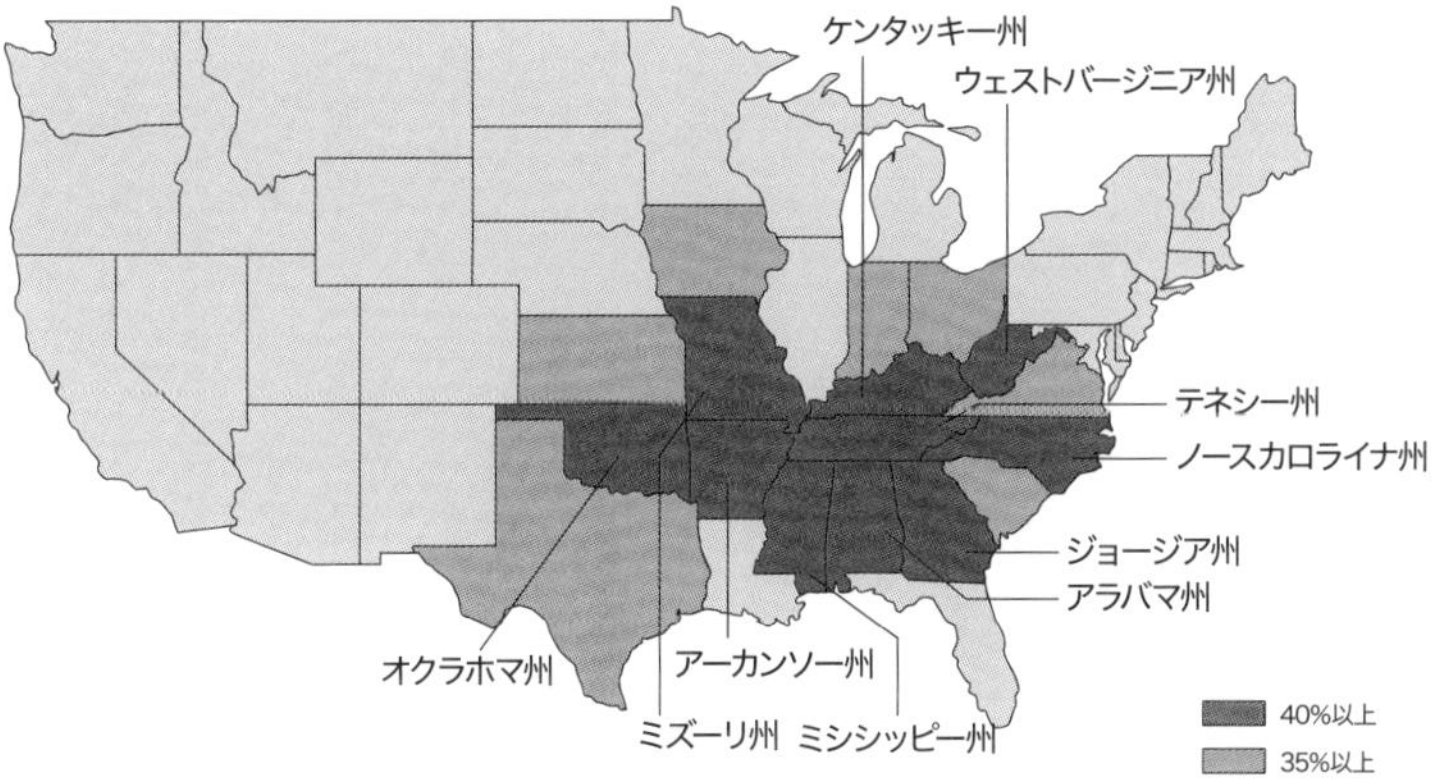

■ベスト 10

順位	州	比率
1	テネシー州	52%
2	ケンタッキー州	49%
2	アラバマ州	49%
4	オクラホマ州	47%
5	アーカンソー州	46%

順位	州	比率
6	ミシシッピー州	41%
7	ウェストバージニア州	39%
8	ジョージア州	38%
9	ミズーリ州	36%
10	ノースカロライナ州	35%

ピューリサーチセンター調べ

■福音派プロテスタントの特徴

聖書・キリスト絶対主義
家族中心主義
中絶反対・同性婚反対
伝統的にアメリカ共和党の支持母体

ポイント解説

イエスが再臨する千年王国

世界の終末にあたってイエスが再臨し，1000 年にわたって統治する王国のこと。この間、殉教者や正しいキリスト教徒が復活し、至福を味わう。『新約聖書』の「ヨハネの黙示録」に記されており、アメリカのキリスト教福音派の指導者の多くが支持していると言われる。『旧約聖書』の預言書にも救世主（メシア）が再臨し、新しい世界を打ち立てるという思想がみられる。

48

イスラエルびいきだったトランプ前大統領

エルサレムをイスラエルの首都とし、米大使館を強行移転

アメリカのトランプ前大統領とネタニヤフ首相は「盟友」とも言える親密な間柄だ。攻撃的な姿勢や独断的に物事を進める政治手法も似ており、2人には共通点が多い。

トランプは在任中（2017～21年）、歴代大統領の中でも、とりわけイスラエル寄りの姿勢を鮮明にした。国際社会が承認していないエルサレムをイスラエルの首都と認めた。アメリカの中東和平方針である「2国家共存」についてもこだわらない姿勢を示した。またイスラエル建国記念日（5月14日）に合わせて、米大使館を、各国が大使館を置くテルアビブからエルサレムに強行移転した。さらに第3次中東戦争でイスラエルがシリアから奪ったゴラン高原をイスラエル領に承認した。

トランプが相次いで親イスラエル政策を打ち出した背景には、ユダヤ系アメリカ人やキリスト教福音派の支持を取り込む狙《ねら》いがあったためだ。トランプの娘婿で大統領上級顧問を務めたクシュナーはユダヤ系アメリカ人だ。副大統領だったペンスはキリスト教福音派で、彼らをうまく使いこなすことで、支持を拡大した。

トランプが20年に発表した中東和平案も親イスラエル色が際立っていた。パレスチナの独立国家建設は容認したものの、エルサレムを「イスラエルの首都」と位置づけ、ヨルダン川西岸のユダヤ人入植地に対してはイスラエルの主権を認めた。さらに、ハマスの非武装化やテロ活動の停止を求めており、パレスチナ側から「アメリカとイスラエルの謀略だ」と激しい反発が上がった。

トランプ前大統領のイスラエル政策

■米大統領として初の「嘆きの壁」訪問

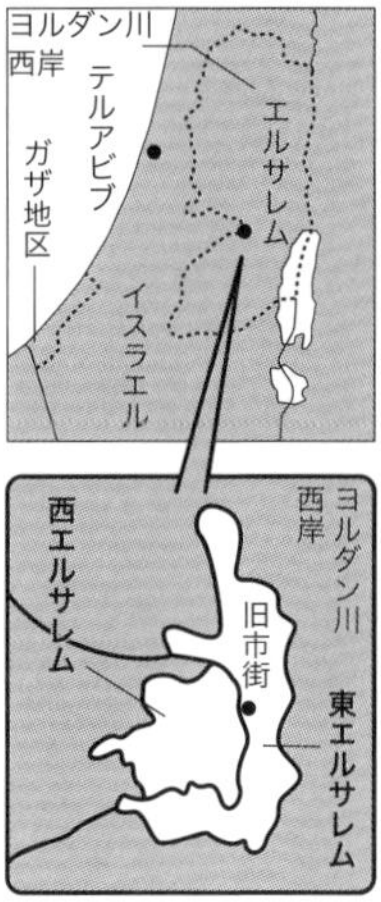

ユダヤ教徒の帽子キッパをかぶり、嘆きの壁に手を当て祈るトランプ前大統領。2017年5月22日、アメリカの現職大統領として初めて、エルサレム旧市街にあるユダヤ教の聖地「嘆きの壁」を訪問した。

写真:ロイター／アフロ

■トランプ前大統領とイスラエルの関係

**米大使館をテルアビブから
エルサレムに移転
(2018年 5月)**

**中東和平案(アブラハム合意)
(2020年 9月)**

トランプ政権の仲介により、イスラエルとアラブ首長国連邦(UAE)、バーレーンとが国交正常化に向けて合意署名した。

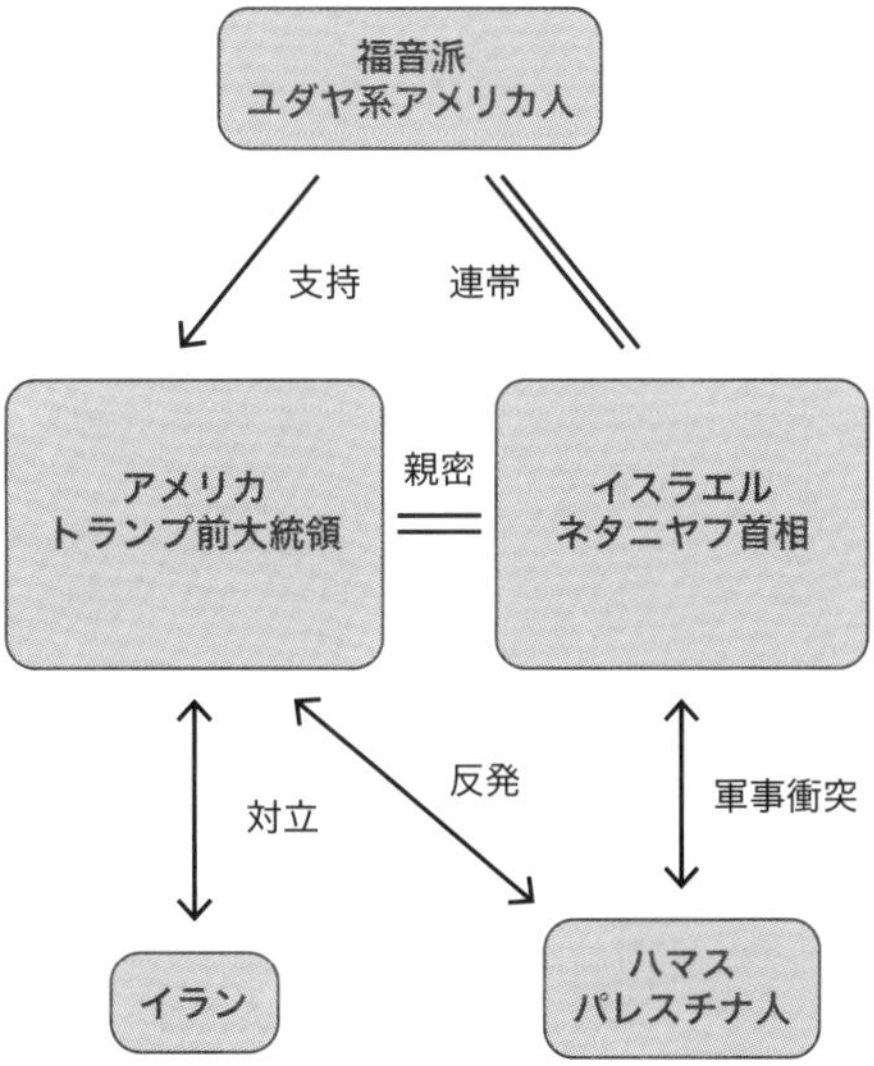

49

バイデン政権の対イスラエル政策とは?

リベラル層から反発も出ているイスラエルへの全面支援

バイデン米大統領はハマスのテロ攻撃を受けて、イスラエルへの全面的な支持を打ち出した。イスラエルを支援する姿勢は、これまでの歴代政権と変わりはない。しかし、親イスラエル姿勢が極端だったトランプ前大統領とは異なり、過度なイスラエルへの肩入れは控えてきた。

バイデン政権は、アメリカの基本政策である「2国家共存」路線を踏襲している。トランプ政権が打ち切ったパレスチナに対する人道支援も再開し、難民を支援する国連機関への資金拠出を復活した(その後、国連職員が2023年10月のハマスによるイスラエルへのテロに関与した疑いが浮上したため、24年1月に資金拠出を一時停止した)。

イスラエルが脅威と認識するイランに対しても、トランプ政権が離脱した「イラン核合意」への復帰に向けた交渉を進めている。

このためネタニヤフ首相とは意見が食い違い、バイデン政権との関係はぎくしゃくした。

もともとイスラエルは米民主党からの支持が強い。しかし、イスラエルの占領地への入植政策に批判的だったオバマ元大統領との関係が冷え込み、最近は共和党保守との結びつきが強まっている。トランプの強力な支持母体はキリスト教福音派だが、バイデンはリベラルなカトリックだ。

24年の米大統領選挙は福音派の動向がカギを握る。再選を狙《ねら》うバイデンは福音派の支持を獲得するために、イスラエルに批判的な行動はとりにくい。しかし、親イスラエルの姿勢を強めれば、リベラル層からの支持を失いかねず、難しいかじ取りを迫られている。

バイデン大統領のイスラエル支援

■バイデン大統領の立ち位置

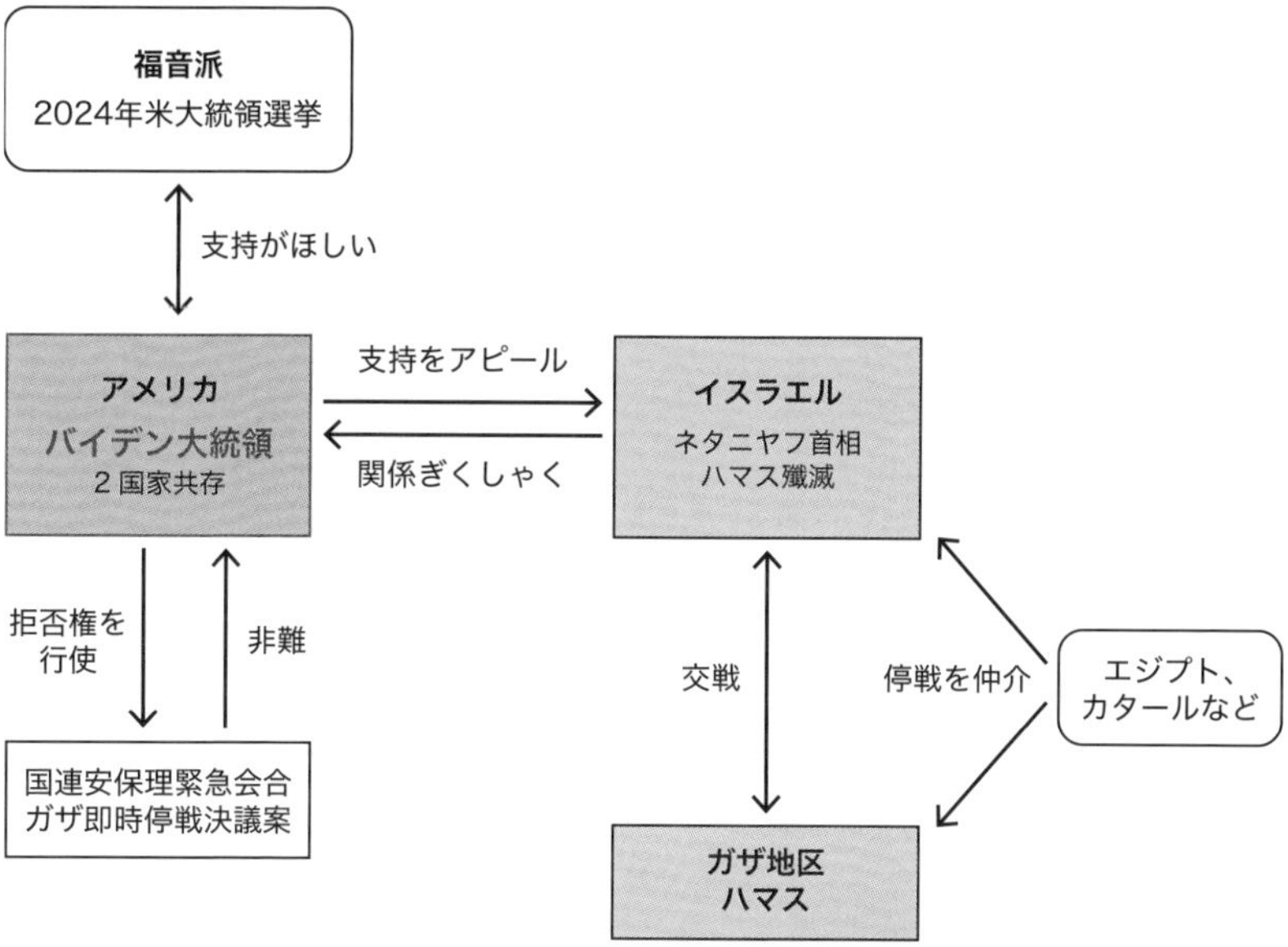

バイデン大統領も大変だね

■中東に駐留するアメリカ軍

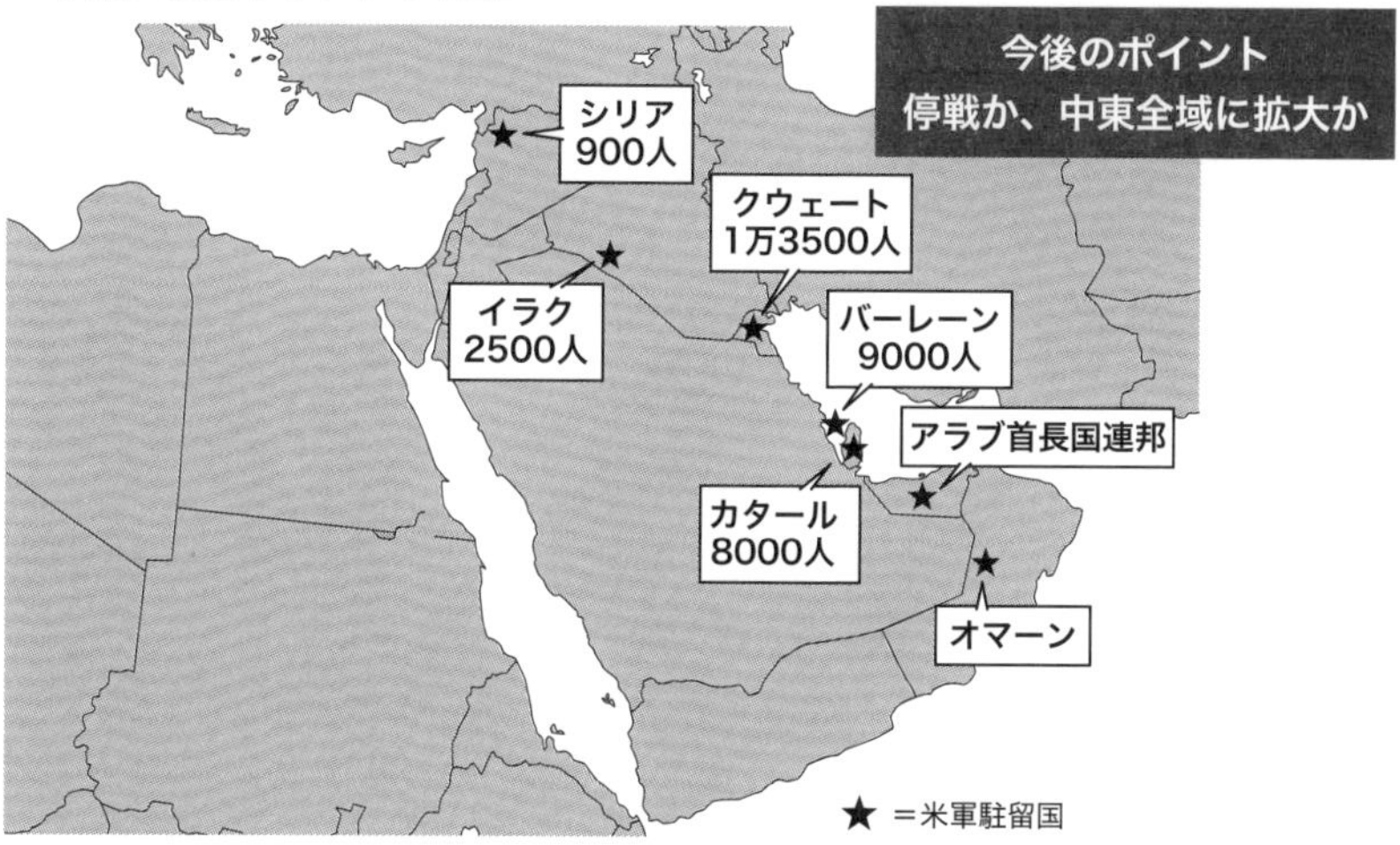

出典:2023年10月　ニュースサイト「アクシオス」

50

アメリカは「3つの危機」に対処できるのか

世界で同時進行するパレスチナ・ウクライナ・台湾の危機

今回のイスラエルとハマスとの戦闘で、世界では「3つの危機」が同時進行している。東アジアでは、中国が台湾への武力統一を準備している。ウクライナ戦争は3年目に突入した。果たしてアメリカはこの事態に対処できるのか。

危機が長引けばそれだけアメリカは疲弊する。すでにウクライナに対して、戦争発生段階（2022年2月）から安全保障費だけで、延べ430億ドル強を拠出している。弾薬3億発、砲弾数百万発をはじめ、榴弾砲《りゅうだんほう》、エイブラムス戦車、歩兵戦闘車両「ブラッドレー」、歩兵携行式多目的ミサイル「ジャベリン」、最新型地対空ミサイルシステム等を供与し、さらに追加支援を要請されている。

一方、イスラエルに対しては、28年までの10年間、年間38億ドルの軍事援助を提供することが約束されている。今回の戦闘によって武器や弾薬が追加供与されたほか、イランや武装組織ヒズボラ、フーシ派をけん制するために「ジェラルド・R・フォード」と「ドワイト・D・アイゼンハワー」の2隻の空母を展開させた。加えて戦域高高度防衛ミサイル（THAAD《サード》）と地対空ミサイルシステム「パトリオット」を追加配備した。

ここに台湾有事が重なると、限られたアメリカの軍事資源をどう配分するかが大きな問題となる。少なくとも中国の軍事力は25年の段階で、空母、軍艦、潜水艦、戦闘機いずれも米軍の数倍を有し、圧倒する規模となる。

軍事専門家は、「アメリカは1・5の危機にしか対応できない」と分析している。

限界にきたアメリカの軍事力行使

■アメリカと世界の「3つの危機」

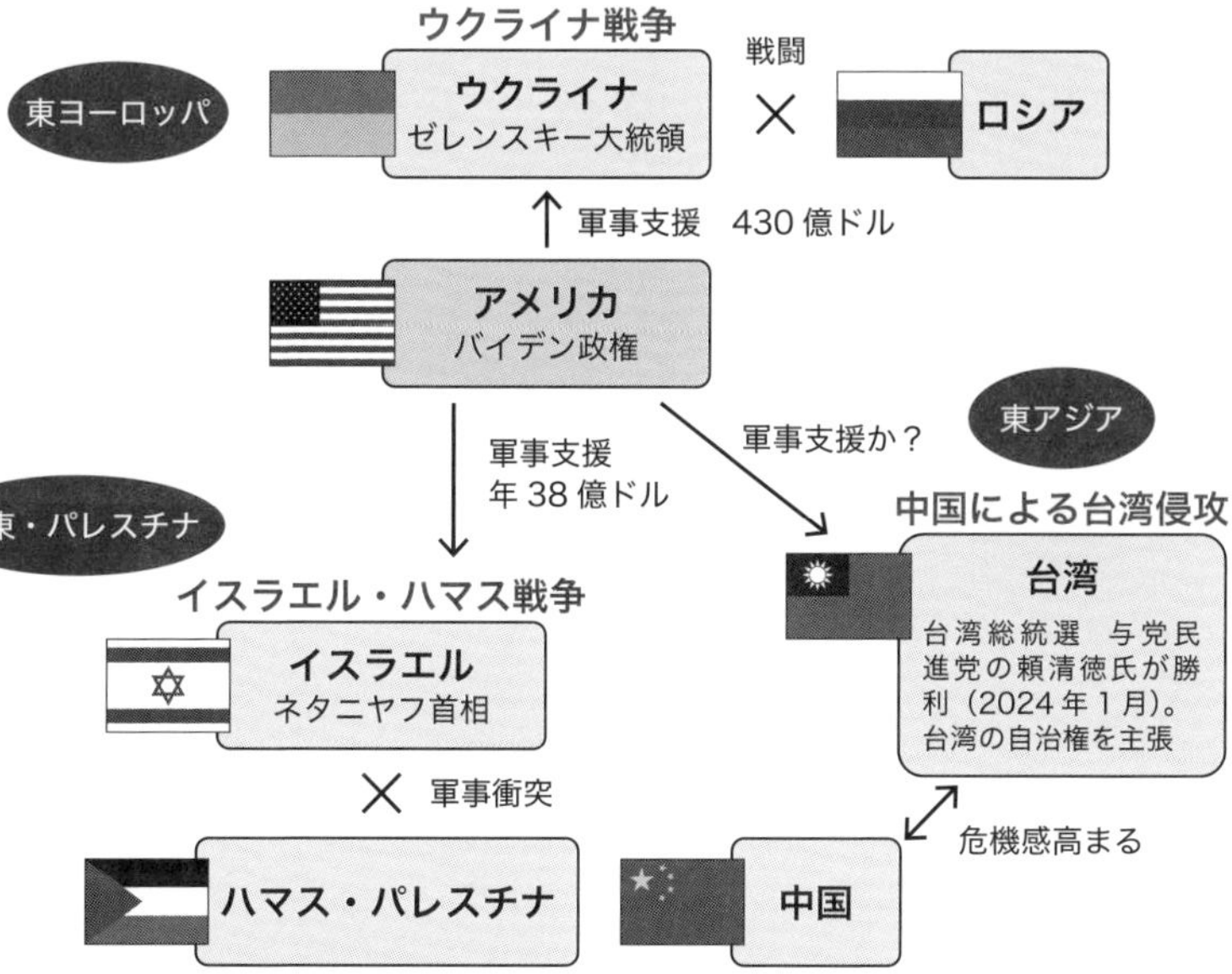

■国防費支出額　世界トップ15カ国（2022年）

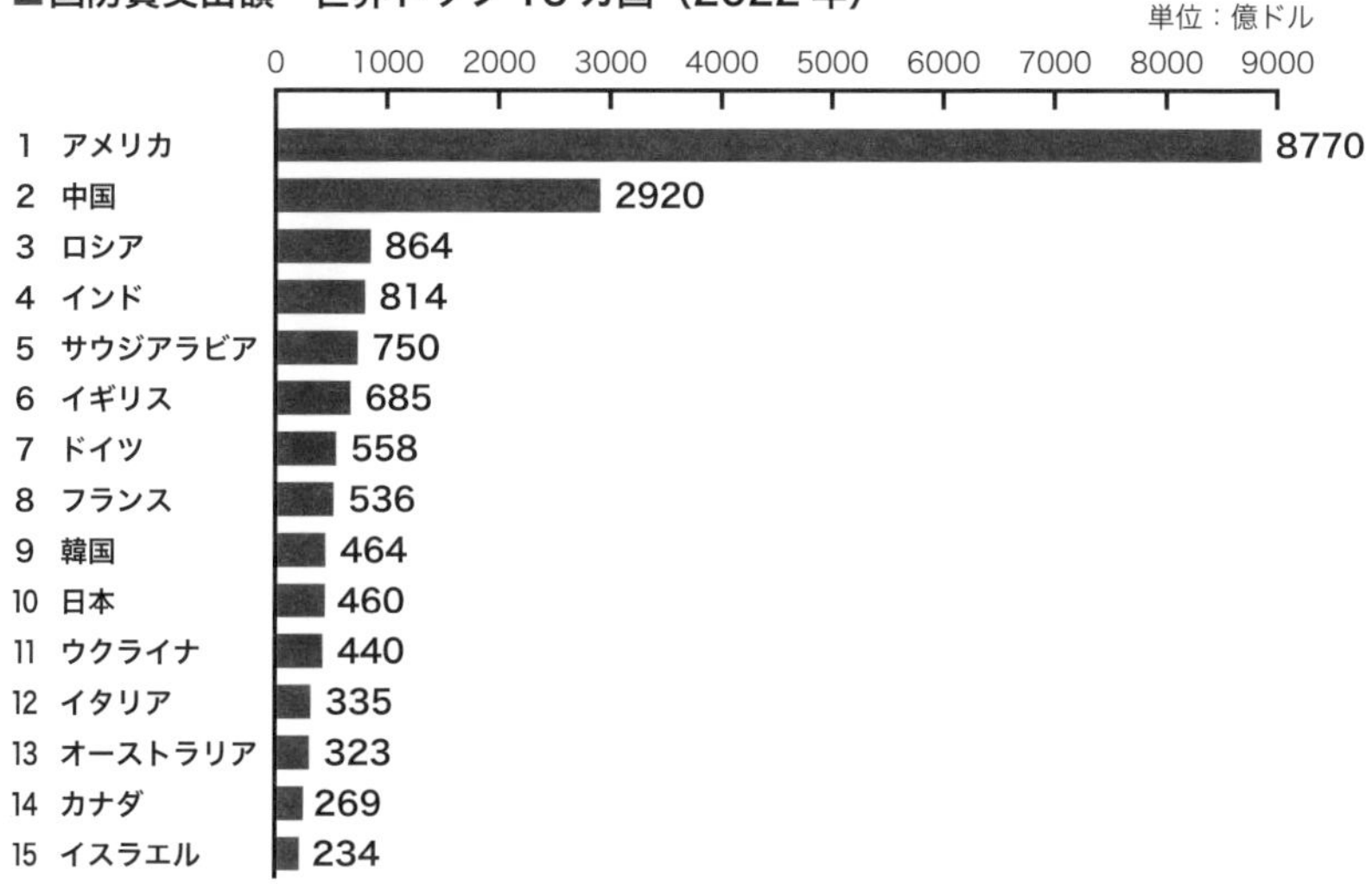

出典　Stockholm International Peace Research Institute（SIPRI）
ホームページ『Military Expenditure』、2023年4月のエントリーより

51

中国は中東での影響力を拡大するのか

サウジアラビアとイランの国交正常化を仲介

中国は2023年にサウジアラビアとイランの国交正常化の合意を仲介して注目を集めた。さらに新型コロナウイルスのワクチン外交や、巨大経済圏構想「一帯一路」の投資を通じて、中東地域での存在感を高めている。イスラエルにとっても中国は第2位の貿易相手国だ。

アメリカに代わる新たな国際秩序の形成を目指す習近平政権は、アラブ諸国に潜在する欧米への不信感をすくい上げることで、中国支持に誘導したい狙《ねら》いがある。

しかし、中国がアメリカに対抗するほどの影響力を持ち得るようになるかといえば、否定的な見方が強い。

中国の中東関与のベースにあるのは、石油の安定的な確保だ。中国は国内で消費する石油の約7割を輸入に頼っており、その約半分が中東地域からだ。しかし、ウクライナ戦争の勃発《ぼっぱつ》でむしろロシアからの輸入が増え、中東への依存度は低下している。また中国経済の減速で、かつてのような巨額の投資も難しくなっている。

アメリカは自らが長年、影響力を行使してきた中東地域へ中国が介入してくることに強い警戒感を示している。とくに中国がイランとの関係に深入りすれば、アメリカとの緊張関係は一気に高まりかねない。

中国内部でも中東への関与をめぐって、意見の相違がある。テロの脅威や各国が複雑な国際情勢を反映する中東地域に、多大な政治・経済的コストを払ってまで関与する余裕はないとの否定的な声は強い。

中東をめぐる中国のしたたかな外交

■イスラエル・ハマス戦闘と中国の関係図

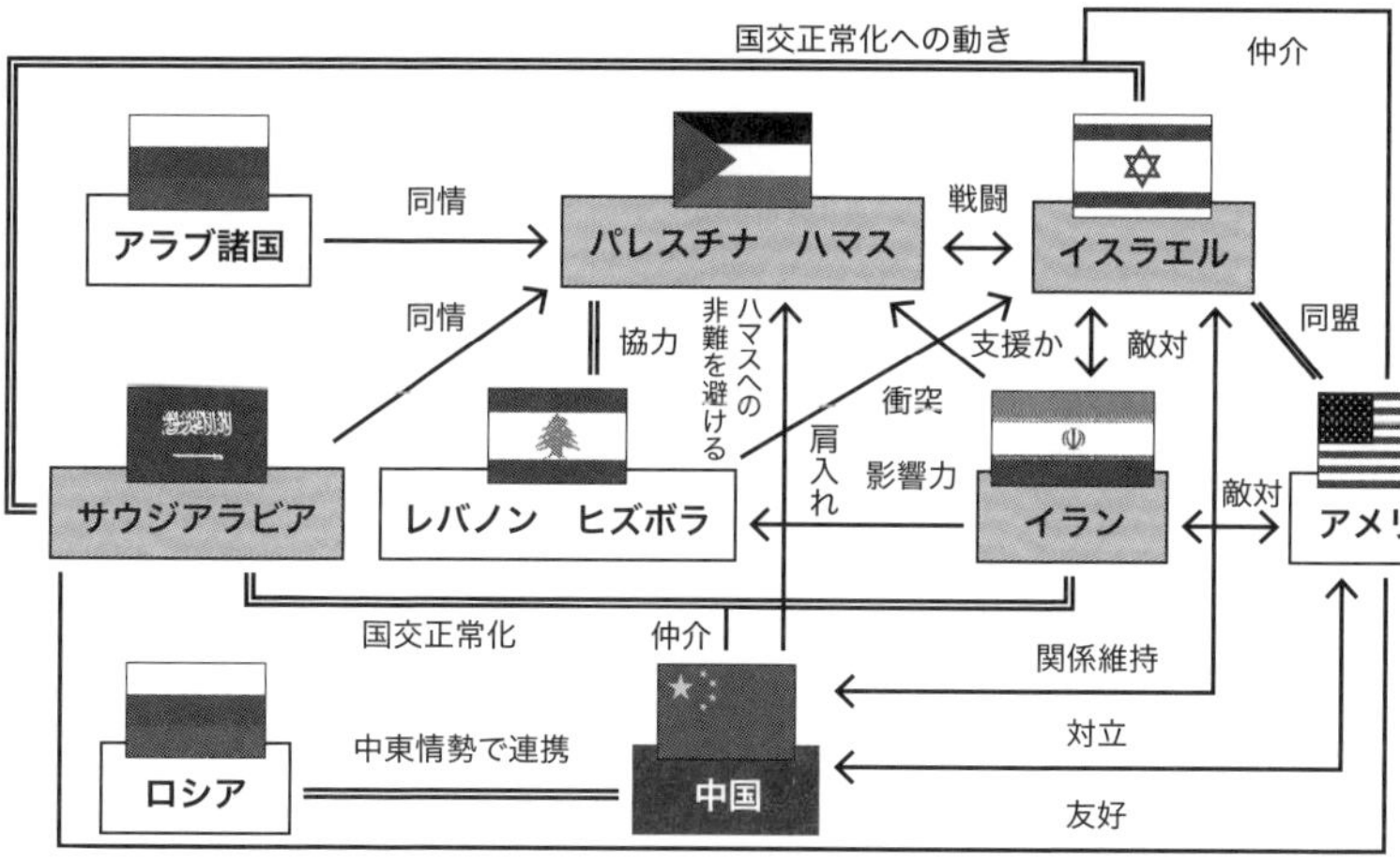

■習近平主席のサウジアラビア訪問

2022年12月、サウジアラビアを訪問し ムハンマド皇太子の出迎えを受ける習主席。習主席はサルマン国王やムハンマド皇太子と会談。翌2023年3月のイランとサウジアラビアの国交正常化の仲介役となるきっかけとなった。

ポイント解説

中国が覇権を目指す「一帯一路」

中国が 2013 年に創設した巨大経済圏構想。中国から欧州までを陸路と海路の 2 つのルートで結び、その経由地で中国がインフラ投資を行い、経済圏の設立を目指す。投資額は 22 年までに 36 兆円にのぼる。巨額の資金を梃子《てこ》に中国主導の秩序を構築し、アメリカの影響力を排除するのが狙《ねら》い。しかし債務が返済できない場合、中国に資産を乗っ取られるなど批判も強い。

52

ウクライナ戦争の反転攻勢を狙うプーチン

イスラエルの軍事侵攻非難でウクライナ戦争の責任を転嫁

ロシアのプーチン大統領は、今回のイスラエルとハマスの戦闘をチャンスと捉えている。イスラエルの軍事侵攻をやり玉に挙げ、欧米が全面的に支援するウクライナ戦争の反転攻勢につなげたい構えだ。イスラエルとアメリカのガザ地区への「侵略」をアピールする情報戦を展開し、ロシアに向けられた責任の転嫁を狙《ねら》う。また、イランやシリアなどの反欧米国家との関係を強化し、中東地域でのアメリカの影響力排除に動こうとしている。

　プーチンは戦闘発生後、ただちにイスラエルやパレスチナ自治政府のほか、シリア、イラン、サウジアラビア、エジプトの首脳らと相次いで会談。平和的解決とガザへの支援を訴えた。イランはウクライナ戦争で大量の無人機をロシアに供与しているほか、弾道ミサイルを提供する用意があると指摘されている。

　ロシアは2024年、中国やインド、南アフリカ、ブラジルで構成されるBRICS《ブリックス》の議長国を務める。BRICSには新たにアラブ首長国連邦（UAE）、サウジ、イラン、エジプト、エチオピアが加盟した。ロシアはこうした国々と「連帯」を強め、アメリカ主導の国際秩序に代わる「多極的世界」の構築を目指す考えだ。一方、イスラエルへの支持を明確にしているウクライナに対しては、国際社会からの孤立を狙っている。

　しかし、ロシアの目論見《もくろみ》通りに進むかどうかは不透明だ。インドと中国はライバル関係にあり、サウジとイランは長年の宿敵同士だ。プーチンは自ら主導してアメリカへの対抗勢力を結集したい考えだが、現状は数の寄せ集めにすぎない。

アメリカの影響力排除を目指すロシア

■プーチン大統領の目論見

イスラエル・パレスチナに平和的解決を訴える

⇓

1　ウクライナ戦争の反転攻勢

イスラエルとアメリカの侵略をアピールし、ウクライナ戦争でのロシアの責任を転嫁。ウクライナの孤立化。

2　反欧米国家との関係強化

中国、インド、南アフリカ、ブラジル、アラブ首長国連邦（UAE)、サウジアラビア、イラン、エジプト、エチオピアなど BRICS 諸国、北朝鮮との軍事的協力の深化。

⇓

アメリカ主導に代わる多極化世界の構築

■ロシアによるウクライナ侵攻の現状

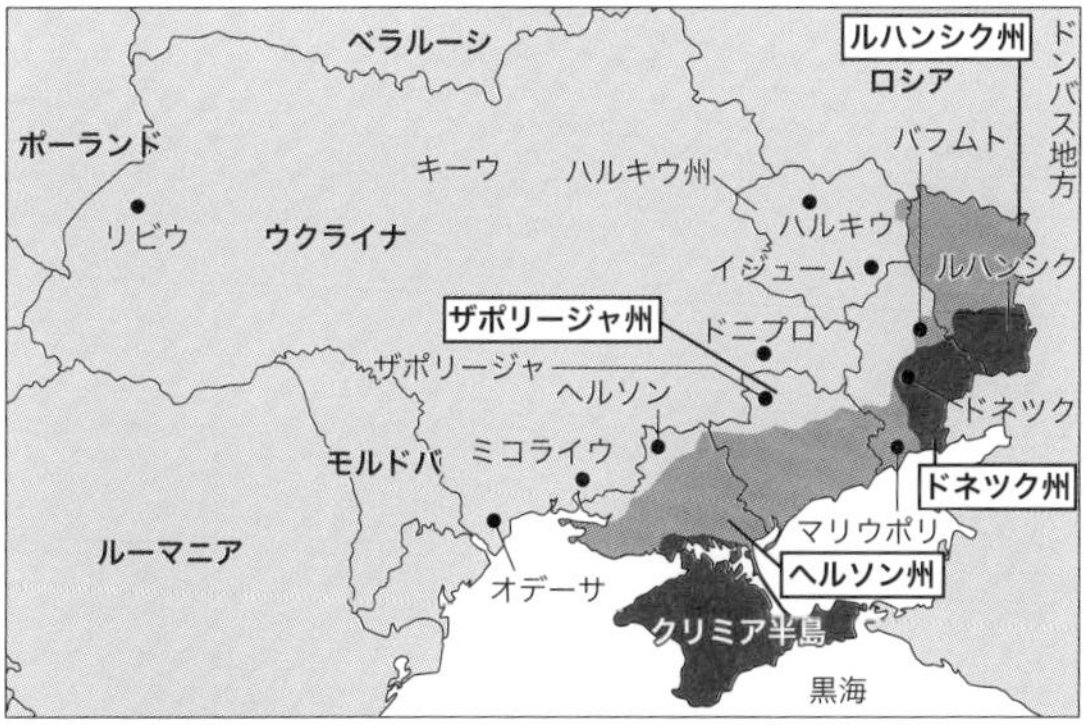

ウクライナ東・南部4州の掌握を目指すロシアと、欧米の軍事支援を受け、反撃を試みるウクライナとの間で激しい戦闘が続いている。

ロシア軍が支配したとみられる領域

2022 年 2 月 24 日以前からロシアの支配下にある領域

2024年1月16日現在　出典：米シンクタンク「戦争研究所」より

ポイント解説

台頭する新勢力 BRICS

2000 年代以降、経済成長の著しいブラジル（B)、ロシア（R)、インド（I)、中国（C)、南アフリカ共和国（S）の新興 5 カ国の枠組みをさす。09 年に最初の首脳会議（4 カ国）が開かれた。24 年から新たに 5 カ国が加盟し 10 カ国体制となった。経済協力を目的とするが、拡大によって世界での影響力を高める狙いがある。内政不干渉、平等、相互利益を原則にしている。

53

ヨーロッパで拡大する「反ユダヤ主義」とは？

ユダヤ人への偏見は暗黒の時代を想起させる水準に

反ユダヤ主義とはユダヤ人やユダヤ教への敵意や偏見から、ユダヤ人を差別したり排斥したりする行動を指す。アンチ・セミティズム（anti-Semitism）とも呼ばれる。ナショナリズムが高揚した19世紀、ユダヤ人の属するセム族はアーリア系民族よりも「劣っている」という人種差別が生まれ、反ユダヤ主義を意味する言葉となった。

イスラエルによるガザ地区への攻撃が始まって以来、ドイツやフランス、オーストリアでは反ユダヤ主義が台頭。シナゴーグ（ユダヤ教会堂）に火炎瓶が投げつけられたり、イスラエルの象徴「ダビデの星」にスプレーで落書きされたりする事件が急増した。こうした動きに欧州連合（ＥＵ）の執行機関・欧州委員会は「歴史上最も暗い時代を想起させる異常な水準に達している」と、危機感を露わにした。ＣＮＮは２０１８年に行った調査で、ユダヤ人に対する古くからの固定観念は欧州全体に根強く残っていると分析している。

差別による忌まわしい事件は過去にも繰り返し起きている。14世紀には、欧州でペスト（黒死病）が流行したのはユダヤ人が井戸に毒を入れたからだとデマが広まり、多数のユダヤ人が迫害された。19世紀から20世紀にかけてロシアで頻発したポグロム（ユダヤ人への集団的暴力）や、１９３０年代から40年代のナチスによるホロコースト（ユダヤ人大虐殺）は、反ユダヤ主義がもたらした最悪の犯罪だ。

欧州では近年、外国人排斥を訴える極右が伸張しており、イスラエルとハマスの戦闘が激化すれば、反ユダヤ主義はさらに拡大する恐れがある。

根深いヨーロッパの反ユダヤ主義

■ヨーロッパにおける反ユダヤ主義の流れ

古代（ギリシャ・ローマ時代）　民族的な差別

↓

中世　宗教を理由にする差別・迫害
ペストの流行など災厄のスケープゴートに

↓

近代（19世紀以降）　ユダヤ人であることによる差別・迫害
ヒトラーの反ユダヤ主義
ホロコースト（約600万人のユダヤ人が犠牲に）

ヨーロッパのユダヤ人　950万人（1930年代）→ 200万人に
国外追放、イスラエル移住も

■十字軍遠征で始まったキリスト教の反ユダヤ運動

第1次十字軍遠征（1095年〜）

イエスを磔刑《たっけい》に処した責任は
ユダヤ人にある

⇓

カトリック教会　反ユダヤ主義　←　イエスの政治的・軍事的利用

×

イエス　「隣人を愛せよ」

↓ 差別・迫害・中傷・虐殺（ドイツ、北フランスに住んでいたユダヤ人の4分の1から3分の1が殺される）

ヨーロッパ各地、アメリカへ移民　←　ユダヤ人

→ 高利貸しのイメージ
『ベニスの商人』のシャイロック

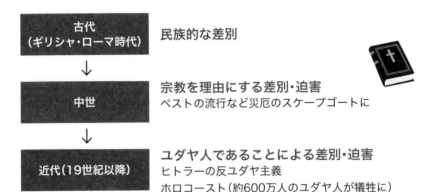

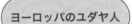

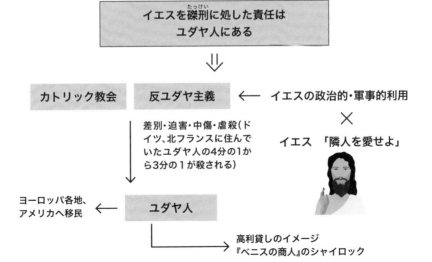

54

なぜ国連は紛争解決に役立たないのか

大国の安保理決議案拒否と進まない改革

国連安全保障理事会はアメリカ、イギリス、フランス、中国、ロシアの常任理事国5カ国と、任期2年の非常任理事国10カ国で構成される。

国連憲章（第27条第3項）の規定では、常任理事国5カ国のうち、1カ国が拒否権を行使すれば、安保理の決議は可決されない。加えて安保理メンバー15カ国中9カ国の賛成が必要となる。

世界の紛争の背景には大国の利害が絡んでいるケースが多い。大国は自らの意向に沿って拒否権を行使するため、冷戦期以降、国連の機能不全が指摘されるようになった。最近ではロシアのウクライナ侵攻を非難する決議案に対して、ロシアが拒否権を行使したため採択されなかった。また、イスラエルとハマスの戦闘直後にも安保理で4回採決が行われたが、停戦などをめぐって米ロや中国が拒否権を行使し、否決されている。

常任理事国の意見が一致しない場合、安保理の採決や国連メンバー国の過半数の賛成を経て、緊急特別総会の開催を要請できる。総会決議に法的拘束力はないが、国際社会の意思を示すことによって、対象国を孤立させることができる。

今回のイスラエルとハマスの戦闘をめぐって開かれた国連総会緊急特別会合では、休戦を求める決議が提出されたが、アメリカなどが反対し、休戦も一時的なもので終わった。

安保理を改革するためには、総会を構成する国の3分の2の多数で採択され、かつ安全保障理事会の5常任理事国を含む国連加盟国の3分の2の批准が必要だ。しかし、世界の分断が深まる中で、改革の実現はきわめて困難な状況だ。

極めて困難な国連の改革

■国連総会緊急特別会合　人道的休戦案

2023年10月27日

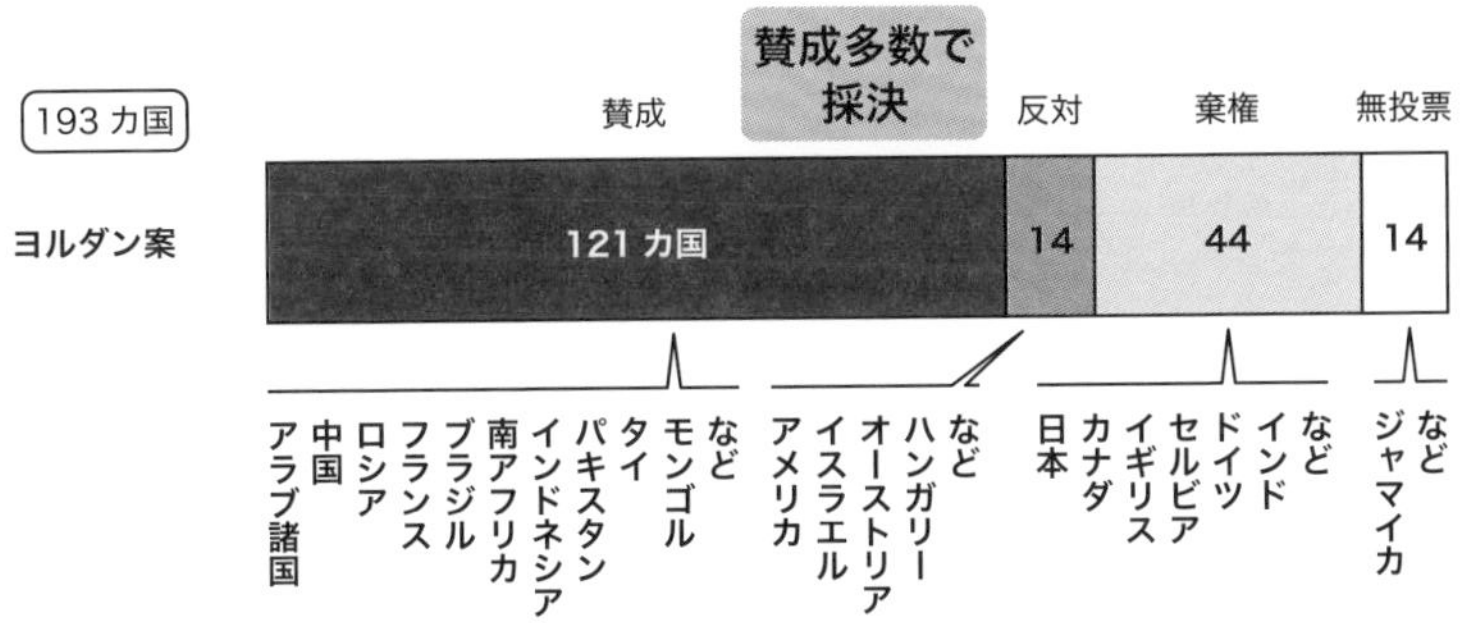

■国連安保理　即時停戦を求める決議案

2023年12月8日

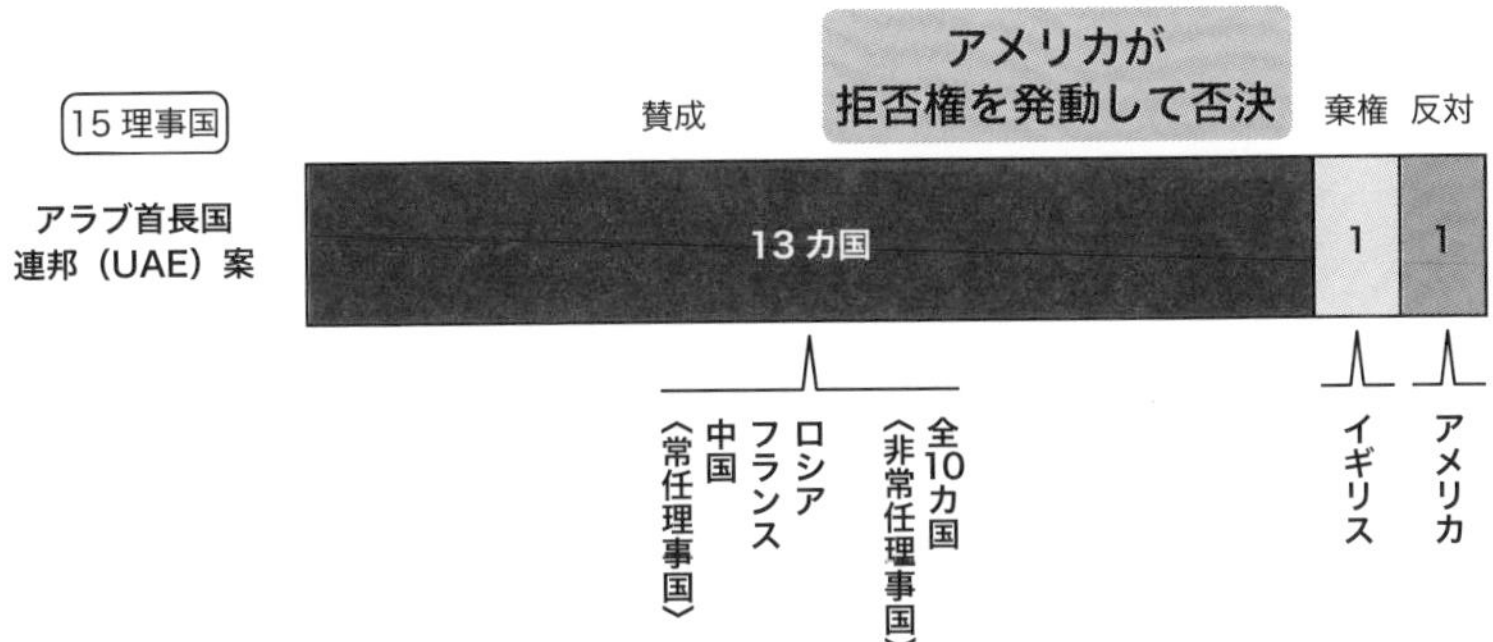

国連安全保障理事会　理事国リスト（2024年）

常任理事国（5カ国）

アメリカ、イギリス、ロシア、フランス、中国

非常任理事国（10カ国）

アルジェリア（2025）、エクアドル（2024）、ガイアナ（2025）、日本（2024）、マルタ（2024）、モザンビーク（2024）、韓国（2025）、シエラレオネ（2025）、スロベニア（2025）、スイス（2024）

※（　）内は任期期限年

55

アメリカの指導力は終焉するのか

中東の紛争拡大阻止で試されるアメリカのリーダーシップ

アメリカが世界のリーダーとしての地位を維持できるかどうかは、今回の戦闘をいかに収拾し、中東全域に紛争がエスカレートすることを抑止できるかどうかが鍵になる。

バイデン政権のサリバン大統領補佐官は米外交誌『フォーリン・アフェアーズ』で、第2次世界大戦後、アメリカのグローバルな役割はいまや第3局面を迎えていると指摘している。第1局面では、旧ソ連を封じ込めてアメリカのパワーの基礎を築いた。第2局面では超大国となったアメリカが主導して国際秩序を拡大した。第3局面はアメリカの長年の前提を見直し、強さの新たな基盤を築くことであり、「その多くはアメリカの選択によって左右される」と述べている。

イランやシリア、あるいはハマス周辺のイスラム武装勢力は域内の混乱を助長して、アメリカの抑止が不可能な状態をつくることを狙《ねら》っている。

少なくとも戦闘能力の規模が大きいヒズボラが本格的に介入すれば、武力衝突はハマスとの戦闘以上に厳しくなると予想される。

アメリカはそれに対抗しつつ、パレスチナ人の自決権を認めた「2国家共存」構想を追求していかなければならない。

ウクライナ戦争の行方も同様だ。ロシアに屈することになれば、「暴力は正義」という誤ったメッセージを世界に植え付けるばかりか、アメリカはリーダーとしての尊敬と求心力を失ってしまう。

2024年の米大統領選挙は、アメリカの将来とともに世界秩序の展望を占うものになる。アメリカの指導力が試される正念場となる。

第3局面を迎えたアメリカの覇権

第1局面

アメリカのパワーの基礎を築く

・旧ソ連封じ込め政策（1947年～）
・冷戦の終了（1989年12月）

第2局面（ポスト冷戦）

アメリカ主導の国際秩序を拡大

・湾岸戦争（1991年）
・アフガニスタン戦争（2001年～2002年）
・イラク戦争（2003年）

第3局面

強さの新たな基礎を築く

・ウクライナ戦争（2020年～）
・イスラエル・ハマス戦争（2023年～）

■アメリカと対立するおもなイスラム武装勢力

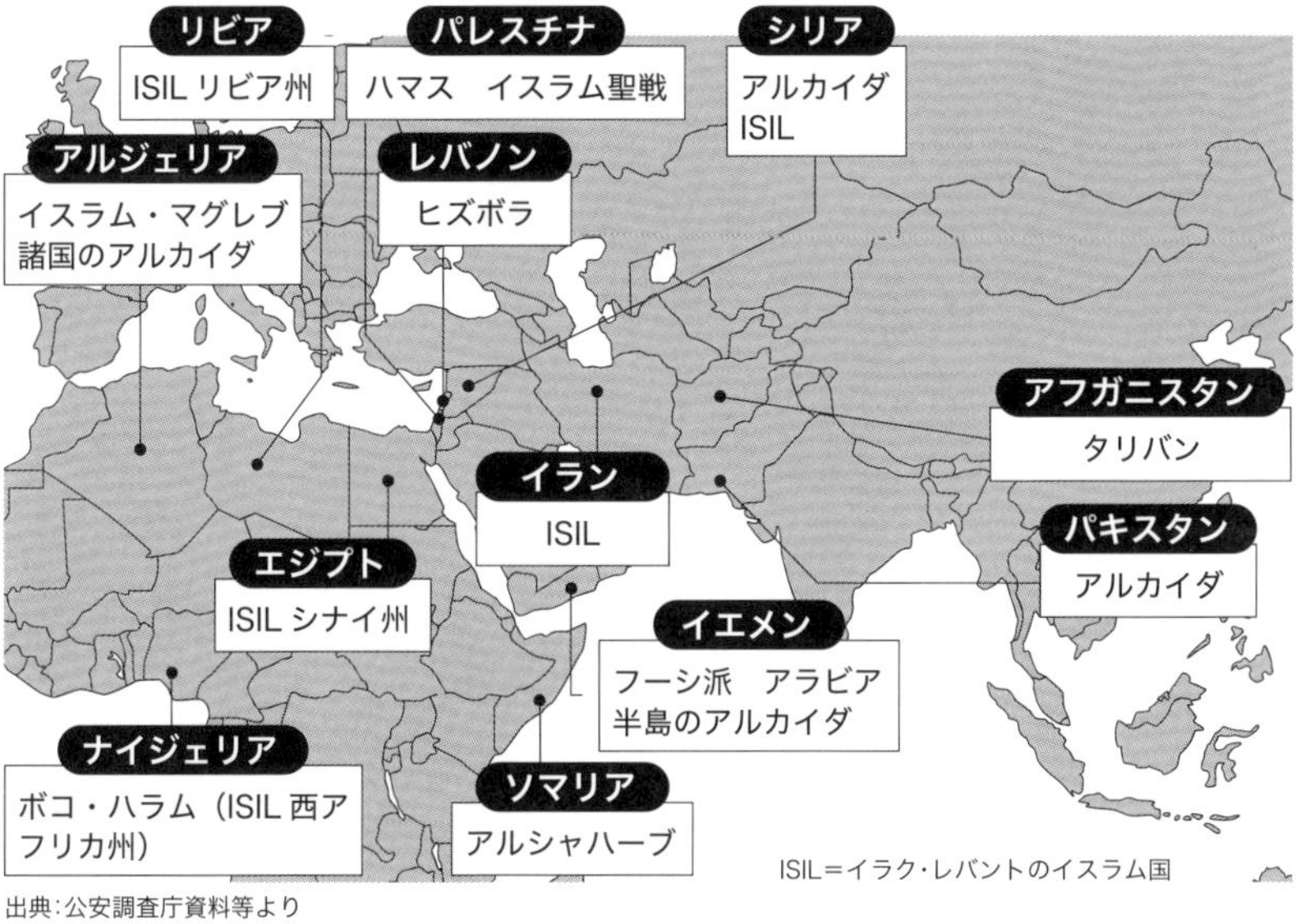

出典：公安調査庁資料等より

髙山正之の中東巻論　5

「弱者の味方」の仮面を被ったアメリカ

2024年の大統領選挙はバイデン大統領とトランプ前大統領との争いになりそうだ。バイデンは「終わった男」で、トランプ再選のための当て馬だったが、裏でやったインチキ郵便投票で当選した。バイデンは実力で大統領になった男ではない。アメリカの分断を招いたのはトランプではなく、民主党である。

民主党は「正義と品位のあるアメリカ」を装っているが、実は正義も品位もない。歴史的に見ても、常に他国の問題に首を突っ込んで戦争を仕掛けたのが民主党だった。第１次世界大戦に参戦したウッドロウ・ウィルソン、第２次大戦に参戦したフランクリン・ルーズベルト、さらにネオコンの一員のヒラリー・クリントンが仕掛けた「アラブの春」。そしてウクライナ戦争も同じネオコンによる。

ルーズベルトは白人の支配する世界秩序を決めた。その時代には日本が一番、邪魔で対日戦が引き起こされた。任期途中で死亡したルーズベルトのあとを継いだのが副大統領だったトルーマン。彼はKKKにも入っていた人種差別者で、最初にやったのが日本への原爆投下だ。

もともと民主党は人種差別政党だ。南北戦争に負けて奴隷解放に応じたが、南部では黒人隔離政策を続けていた。そんな民主党が戦後になって突然、弱者のための政党に変貌《へんぼう》した。社会的立場の弱い女性層やネイティブ・アメリカン、ユダヤ系から今ではLGBTQまで味方に引き入れた。

民主党は独裁政権を見つけると、悪とみなして不干渉主義を捨て、積極介入して混乱を生んでいる。彼らは常に「弱者の味方」という仮面を被《かぶ》っている。それだけに厄介な連中なのだ。

参考文献

『騙されないための中東入門』髙山正之、飯山陽　ビジネス社
『なぜ ISIS（イスラム国）は平気で人を殺せるのか』ベンジャミン・ホール著　ビジネス社
『イスラエル　人類史上最もやっかいな問題』ダニエル・ソカッチ著　ＮＨＫ出版
『地図で見るイスラエルハンドブック』フレデリック・アンセル著　原書房
『イスラエルを知るための 62 章　第２版』立山良司編著　明石書店
『パレスチナを知るための 60 章』臼杵陽、鈴木啓之編著　明石書店
『世界史の中のパレスチナ問題』臼杵陽著　講談社現代新書
『「中東」の世界史』臼杵陽著　作品社
『なるほどそうだったのか!!　パレスチナとイスラエル』高橋和夫著　幻冬舎
『アラブとイスラエル パレスチナ問題の構図』高橋和夫著　講談社現代新書
『聖書がわかれば世界が見える』池上彰著　ＳＢ新書
『エリア別だから流れがつながる　世界史』祝田秀全監修　かみゆ歴史編集部編　朝日文庫
『アメリカ・ユダヤ人の政治力』佐藤唯行著　ＰＨＰ新書
『イスラエルとパレスチナ』立山良司著　中公新書
『ユダヤ人』村松剛著　中公新書
『図説　聖書物語　旧約篇』『図説　聖書物語　新約篇』山形孝夫著　河出書房新社
『民族の世界地図』21 世紀研究会編　文春新書
『イスラームの世界地図』21 世紀研究会編　文春新書
『パレスチナ』芝生瑞和著　文春新書
『中東紛争　その百年の相克』鏡武著　有斐閣選書
『最新 誰にでもわかる中東』小山茂樹　時事通信社
『反ユダヤ主義の歴史』第５巻　レオン・ポリアコフ著　筑摩書房
『ニューズウィーク日本版』
『フォーリン・アフェアーズ』
『産経新聞』『日経新聞』『朝日新聞』『読売新聞』『毎日新聞』『BBC』『CNN』『NHK』『AFP』『ARAB NEWS』
『国際テロリズム要覧　２０２３』公安調査庁
『朝雲』防研セミナー　シリーズ 18 「変容する中東政治」と「抵抗の枢軸」 防衛研究所
公益財団法人 中東調査会ホームページ https://www.meij.or.jp/trend_analysis/topics/
外務省ホームページ　中東　https://www.mofa.go.jp/mofaj/area/middleeast.html

［監修者略歴］

髙山正之（たかやま・まさゆき）

1942年東京生まれ。ジャーナリスト。1965年、東京都立大学卒業後、産経新聞社入社。社会部デスクを経て、テヘラン、ロサンゼルス各支局長。1998年より３年間、産経新聞夕刊一面にて時事コラム「異見自在」を担当し、その辛口ぶりが評判となる。2001年から2007年まで帝京大学教授。『週刊新潮』「変見自在」など名コラムニストとして知られる。著書に『騙されないための中東入門』（ビジネス社）、『変見自在 バイデンは赤い』（新潮社）など多数。

［著者略歴］

宇都宮尚志（うつのみや・たかし）

1960年愛媛県生まれ。早稲田大学教育学部卒業後、産経新聞に入社。社会部、外信部記者を経てデューク大学に留学。バンコク支局長、外信部デスク、論説委員などを歴任。現在はフリーランスの記者。著書に『浮世悠々たり』（産経新聞出版）。

カバーデザイン／伊藤まや（Isshiki）
本文デザイン／岡部夏実（Isshiki）
写真提供／ＡＰ・アフロ
ロイター・アフロ
新華社・アフロ
ZUMAPRESS.com・アマナイメージス

完全図解 中東で起きている本当のこと

2024年３月11日　　第１刷発行

監　修　髙山　正之
著　者　宇都宮　尚志
発行者　唐津　隆
発行所　株式会社ビジネス社
〒162-0805　東京都新宿区矢来町114番地
神楽坂高橋ビル５階
電話 03(5227)1602　FAX 03(5227)1603
https://www.business-sha.co.jp
カバー印刷・本文印刷・製本／半七写真印刷工業株式会社
〈編集担当〉水波康（水波ブックス）　〈営業担当〉山口健志

ISBN978-4-8284-2604-4